첨단과학
LIVE 과학
⑦ 빅데이터

LIVE 과학

글 / 최재훈
학습 만화와 청소년 교양서, 온라인 에듀테인먼트 게임 등을 넘나들며 어린이와 청소년이 즐기며 공부할 수 있는 다양한 콘텐츠를 만듭니다. 〈꿈의 멘토〉, 〈미션 돌파 과학 배틀〉, 〈헬로 마이 잡〉, 〈who?〉 시리즈를 비롯한 여러 학습 만화의 집필에 참여하였습니다.

그림 / 윤남선
어린이들을 위한 학습 만화를 주로 그렸고, 꼼꼼한 구성과 재미있는 작화를 위해 노력하고 있습니다. 〈Why? 그랜마 영어〉, 〈Why? 교과서〉, 〈Why? 인문고전〉, 〈LIVE 한국사〉 시리즈 등을 작업하였습니다.

학습 구성 및 감수 / 이미경
청주교육대학교에서 초등 과학 교육을 전공했고, 청주교육대학교의 교육대학원에서 초등 정보와 로봇 과정을 공부하고 있습니다. 동시에 초등 컴퓨팅 교사 협회 운영진, 충청북도교육청 소프트웨어 교육 교원 연수 강사로 활동 중입니다. 충북 감물초등학교의 선생님으로 근무하면서, 아이들에게 더 정확한 정보를 전달하기 위해 끊임없이 노력하고 있습니다.

LIVE 과학 첨단과학 007 빅데이터

발행일: 2018년 4월 1일 초판 / 2024년 1월 2일 2쇄
발행처: (주)천재교육
기획편집: 박세경 / **책임편집**: 김수진, 이유미
글: 최재훈 / **그림**: 윤남선 / **학습 구성 및 감수**: 이미경
표지 사진 제공: 셔터스톡
본문 사진 제공: 공공 데이터 포털, 국민 건강 보험 공단, 셔터스톡, 익스플로러, 위키피디아, 연합뉴스, MBC 아카이브
신고번호: 제2001-000018호(1980.5.28)
팩스: 02-3282-1717 / **고객만족센터**: 1577-0902
주소: 08513 서울특별시 금천구 가산로 9길 54 / **홈페이지**: www.chunjae.co.kr

ISBN 979-11-259-7786-5 74400
ISBN 979-11-259-7779-7 74400(세트)

이 책은 저작권법에 보호받는 저작물이므로 무단 복제, 전송은 법으로 금지되어 있습니다.

추천의 글

새 과학 교육 과정의 핵심 키워드는 바로 **창의와 융합**입니다. 이제 과학 교육은 이론과 실험에 치중했던 기존 방향에서 타 과목과 연계하여 사고하고 또 새로운 아이디어를 창조하는 방향으로 변화하고 있습니다. 〈라이브 과학〉은 이러한 교육 경향에 발맞춰 기획된 학습 만화로, 한정된 분야의 지식이 아닌 **주제와 관련된 광범위한 지식의 확장을 추구하는** 만화입니다.

주인공 아라와 누리는 외계의 로봇입니다. 이들은 지구와 인간에 대해 배우러 왔다가 우연히 지구의 네트워크를 무너뜨리려는 악당과 싸우게 됩니다. 지구의 모든 것이 마냥 신기한 외계 로봇의 시선을 통해 과학 전 분야에 걸친 지식을 습득하고, 과학의 다양한 문제를 새롭게 바라보며 함께 생각할 수 있습니다.

4차 산업 혁명이 시작되는 과학의 전환기, 그 미래의 시작을 〈라이브 과학〉과 함께하시길 바랍니다.

서울교대 과학교육과 교수, 물리교육학 박사
전영석

우리는 그 어느 시기보다 빠른 변화로 인해 날마다 새로워지는 4차 산업 혁명의 시대에 살고 있습니다. 사물과 사물, 인간과 사물 등 모든 것이 연결되는 사회, 인공 지능과 로봇이 공존하는 생활이 펼쳐질 것입니다. 오늘날 최첨단의 과학 기술은 이로운 만큼 한편으로는 해킹과 바이러스 등에 공격당할 위험 요소를 가지고 있습니다. 하지만 우리가 첨단 과학이 가진 장단점을 잘 알고 대비한다면 미래가 그저 두렵기만 하지는 않을 것입니다. **과학 기술은 항상 인간의 행복을 위하여 발전해야 합니다.**

〈라이브 과학〉은 변화된 새 교육 과정에 맞춰 첨단 과학·융합 과학·통합 과학을 강조하는 전문성 있는 커리큘럼으로 구성되어 있습니다. 그중 **최신 과학 주제를 적절히 골라내어 아이들 눈높이에 맞게 잘 녹여 냈습니다.** 또한 **과학으로 미래를 준비하는 꿈나무들의 훌륭한 밑거름**이 될 지식을 잘 버무려 담았습니다. 모든 아이들이 기초부터 차근차근, 깔깔 웃으며 배우길 소망합니다.

전주교대 컴퓨터교육과 교수, 전자계산학(인공 지능 분야) 박사
유정수

이 책의 특징

1. 과학 원리 이해!

어렵고 복잡하기만 했던 과학 원리를 만화로 재미있게 익힐 수 있습니다.

첨단 과학, IT 등 최신 과학 이슈가 가득!

2. 핵심 내용이 한눈에, 인포그래픽!

과학 핵심 정보가 시각화되어 있어 정보를 빠르고 쉽게 이해할 수 있습니다.

3. 사고력을 키우는 통합 과학!

수학, 역사, 음악, 미술 등 다양한 과목과 연계된 공통의 주제를 통해 지식의 폭을 넓힙니다.

공장이 거대 컴퓨터로 변하는 스마트 팩토리

스마트 팩토리는 공장 안의 모든 장비가 센서와 무선 통신으로 연결된 첨단 공장입니다. 이곳에서는 프로그래밍이 된 기계가 물건의 생산 개수와 종류를 자동으로 계산합니다. 또 기계 고장과 불량품도 즉시 골라냅니다.
스마트 팩토리를 가장 먼저 만든 기업은 미국의 제너럴 일렉트릭입니다.

▲ 제너럴 일렉트릭의 스마트 팩토리

3D 애니메이션

2D 애니메이션

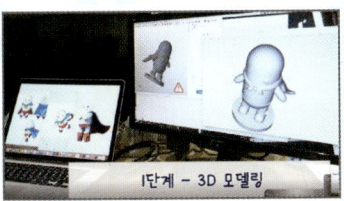
과학 동영상

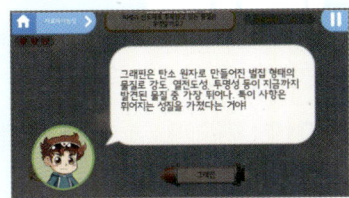
모바일 과학 게임

4. 다양한 주제의 멀티미디어!
라이브 과학 애플리케이션을 이용하여 3D·2D 애니메이션, 과학 동영상 등을 만화와 함께 즐길 수 있습니다.

5. 모바일 과학 게임!
만화로 얻은 지식을 재미있는 과학 게임으로 확인할 수 있습니다.

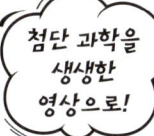
첨단 과학을 생생한 영상으로!

각 권마다 5편의 영상이 담겨 있어.

모바일 게임 다운로드는 184쪽에서!

멀티미디어 이용 방법

★앱으로 라이브 영상을 감상하려면?

① QR코드를 통해 앱 설치 페이지로 이동하여 〈라이브 과학〉 앱 다운로드!

다운로드 페이지로, GO!

② 앱에서 각 권의 콘텐츠를 담은 뒤 버튼을 눌러서 카메라를 실행합니다.

③ 만화 속 '라이브 영상' 코너에서 카메라 마크가 있는 칸 전체를 비추면 해당 주제의 멀티미디어 재생!

이 마크가 있는 칸을 향해 찰칵~ 찍기만 하면 애니메이션이 짠!

차례

- 멀티미디어 이용 방법 ·· 5
- 지난 이야기 ·· 8

1장 빅데이터란 무엇일까? ·· 10

2장 빅데이터는 어떻게 수집하고 분석할까? ······································ 44

3장 수많은 데이터에서 필요한 정보를 어떻게 골라낼까? ··············· 78

4장 빅데이터를 표현하는 방법은 무엇일까? ··································· 112

5장 빅데이터의 보관과 관리는 어떻게 이루어질까? ······················· 146

- 라이브 영상 ··· 14, 88, 120, 157, 159
- 인포그래픽 핵심 과학 ··· 40, 74, 108, 142, 180
- 플러스 통합 과학 ·· 42, 76, 110, 144, 182
- 도전! 과학 퀴즈 / 모바일 과학 게임 ·· 184
- 정답과 해설 ··· 196

만화 하단의 ★표시는 과학 관련 어휘, ▶표시는 일반 어휘로 구분하였습니다.

등장인물 소개

과학자 빅터들

"빅토피아의 운명은 너희에게 달렸어!"

빅토피아에 살고 있는 외계인 과학자들이다. 빅토피아에 전해졌던 지구의 데이터가 몽땅 사라지자 아라와 누리를 지구로 보내 빅토피아 살리기에 나선다.

바이트

"흥, 나를 찾는 게 쉽지만은 않을걸?"

정체가 불분명한 천재 해커이다. 하록 일행이 그를 열심히 뒤쫓지만, 매번 눈앞에서 놓치고 만다.

하록

"바이트를 찾는 일은 나에게 맡겨!"

빅토피아의 정보 수집 로봇으로, 귀여운 코끼리의 모습을 하고 있다. 사람들을 피해 하록 심부름센터에서 지내며 빅데이터를 수집하고 분석한다.

누리

"나는 배워서 진화하는 로봇이야!"

빅토피아에서 개발한 인공지능 남자 로봇으로, 지적 호기심이 왕성하며 신중한 성격이다.

아라

"이번엔 빅데이터를 모아 볼까?"

빅토피아에서 개발한 인공지능 여자 로봇으로, 머리보다는 주먹이 먼저 앞서는 성격이다.

국장

"바이트를 잡아 오랬더니, 다들 허탕만 치는군!"

사이버 보안국의 국장이다. 바이트가 만든 빅데이터 분석 시스템을 넘겨받기 위해 바이트를 잡으려 한다.

미니 빅터

"내가 춤을 추면 빅토피아에 데이터가 전송돼!"

빅토피아의 중앙 컴퓨터에 직접 데이터를 전송할 수 있는 인공지능 USB이다.

지난 이야기

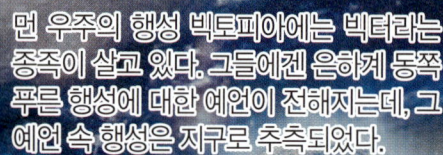

1장 빅데이터란 무엇일까?

★ **빅데이터** : big data. 디지털 환경에서 생성되는 것으로, 그 규모가 크고 변화의 속도가 빠르며 속성이 다양한 데이터를 다루는 기술.

★ **통신** : 정보 전달을 다루는 과학 기술. 또는 우편이나 전신, 전화 등으로 서로의 생각을 전달하는 것.

▶ 예민하다 : 무엇인가를 느끼는 능력이나 분석하고 판단하는 능력이 빠르고 뛰어나다.
▶ 순조롭다 : 일이 아무 탈이나 말썽 없이 예정대로 잘되어 가는 상태에 있다.

★ [12쪽] 복구 : 시스템이 정상적으로 작동하지 않을 때, 문제가 생기기 이전의 상태로 되돌려 시스템이 정상적으로 작동하도록 하는 것.

라이브 영상 빅데이터의 정의

빅데이터는 디지털 환경에서 만들어지며 크기(Volume)가 크고, 변화의 속도(Velocity)가 빠르며, 속성이 매우 다양한(Variety) 데이터이다. 이 세 가지 특성을 가리켜 빅데이터의 3V라고 한다. 때로는 3V에 가치(Value)와 정확성(Veracity)을 더해 4V, 5V라고 정의하기도 한다.

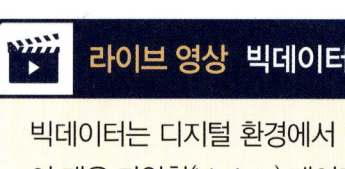

- 크기: ★테라바이트보다 큰 엄청난 양
- 다양성: 문자, 동영상, 사진, SNS 등 다양한 형태
- 속도: 실시간으로 빠르게 만들어짐

빅데이터는 영상 콘텐츠의 증가와 SNS의 활성화로 인해 더욱 빠르게 많은 양이 만들어지고 있지.

오~ 이런 거였군.

하긴, 그 큰 데이터를 다 받으면 많긴 하겠네!

게다가 빅데이터를 분석할 프로그램이 없어졌으니, 더 심각한 상황이지!

★ 테라바이트 : terabyte. 기호는 TB. 기억 용량을 나타내는 정보량의 단위이며, 1테라바이트는 1024기가바이트에 해당함.

▶ 한계 : 사물이나 능력, 책임 등이 실제로 작용할 수 있는 범위.
▶ 천하제일 : 세상에 견줄 만한 것이 없이 최고임.

16
▶ 늘어지다 : 근심이나 걱정이 없어서 편하게 되다.
▶ 사춘기 : 청소년이 육체적, 정신적으로 성인이 되어가는 시기.

★ **사물 인터넷** : 사물에 센서를 넣어서 정보를 수집하고 제어하거나 관리할 수 있도록 인터넷으로 연결되어 있는 시스템.

빅데이터는 어떤 과정을 거쳐 처리될까?

검색 사이트에서는 많은 양의 데이터가 계속 생겨나고, ★SNS에는 하루 평균 2억 개나 되는 글이 올라간다. 매일 인터넷을 통해 만들어지는 데이터의 양은 계속 늘어나고 있기 때문에 빅데이터를 수집하고, 보관, 처리하는 기술이 점점 중요해지고 있다.

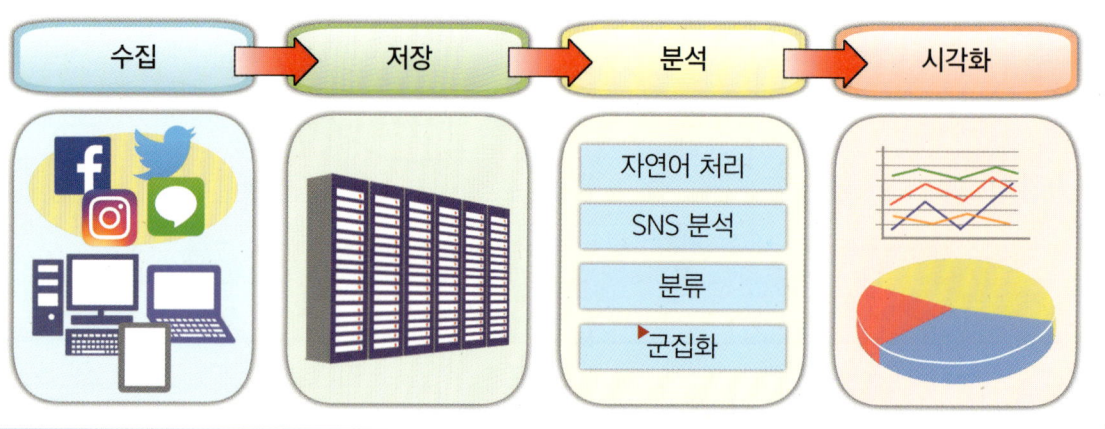

★ SNS : Social Network Service. 동일한 관심 또는 특성을 갖는 사람들이 연결될 수 있게 하는 일에 초점을 맞춘 온라인 서비스.

▶ [18쪽] 군집화 : 비슷하거나 서로 관련이 있는 항목끼리 묶어서 기억하는 방식.
▶ [18쪽] 괴짜 : 까다롭고 별나다거나 평범하지 않은 행동을 잘하는 사람.

▶ **서울 가서 김 서방 찾는다** : 넓은 서울에 가서 주소도 모르고 무작정 김 서방을 찾는다는 뜻으로, 무턱대고 막연하게 무언가를 찾는 경우를 비유적으로 이르는 말.

▶ [20쪽] 스캔 : 그림이나 사진, 문자 등을 복사하듯 읽어서 이미지 파일로 변환하여 저장하는 일.
▶ 로고 : logo. 상품, 기업, 기관 등에서 홍보하기 위해 내세우는 이미지.

▶ **심부름센터** : 돈을 받고 남에게 필요한 정보를 찾아서 알려 주는 곳.
▶ **문구** : 글의 구절.

▶ 주식 : 주식회사의 자본을 일정한 값으로 나눈 단위 혹은 주주가 낸 돈에 대해 나눠 주는 증권.
▶ 교환하다 : 서로 바꾸다. 또는 서로 주고받다.

▶ 든든하다 : 먹은 것이나 입은 것이 충분해서 허전한 느낌이 없다.
▶ 최강 : 가장 강함.

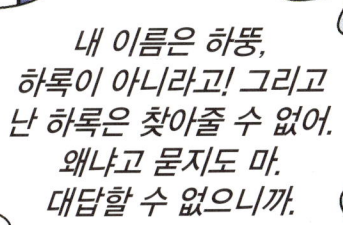

▶ 의뢰 : 남에게 일을 부탁함.
▶ 래퍼 : rapper. 랩 음악을 전문적으로 하는 사람.

▶ **성격** : 개인이 가지고 있는 고유의 성질이나 품성.
▶ **한소리** : 잘못이나 실수에 대해서 꾸짖는 뜻으로 하는 짧은 훈계.

▶ **인생철학** : 인생에 대하여 가지는 실천적인 태도.
▶ **짓궂다** : 장난스럽게 남을 일부러 괴롭고 귀찮게 만들어 달갑지 않다.

▶ **적외선** : 가시광선 스펙트럼에서 바깥쪽에 나타나는 광선. 앞이 잘 보이지 않는 어두운 곳에서 적외선을 이용하면 앞을 잘 볼 수 있음.

★ **안드로이드** : android. 인간과 똑같은 모습을 하고 인간과 닮은 행동을 하는 로봇. 또는 그런 지적인 생명체.

▶ 움직임 : 멈추어 있던 자세나 자리가 바뀜.
▶ 제법 : 수준 등이 어느 정도에 이르렀음을 나타내는 말.

▶ 패턴 : pattern. 일정한 형태나 유형. 혹은 양식이나 유형이 반복되는 규칙.
▶ 감지 : 느끼어 앎.

▶ **사이코패스** : psychopath. 반사회성 인격 장애를 가진 사람이라는 뜻으로, 자기 중심적이다 보니 주변 사람들과 잘 어울리지 못하며 다른 사람의 감정에 잘 공감하지 못함.

▶ 해골 : 죽은 사람의 살이 썩고 남은 앙상한 뼈.
▶ 테스트 : test. 사람의 지능, 능력이나 제품의 성능 등을 알기 위해 검사하거나 시험하는 것.

▶ 겉보기 : 겉으로 드러나 보이는 모양새.
▶ 개발 : 새로운 물건을 만들거나 새로운 생각을 내놓음.

▶ 갖은 : 골고루 다 갖춘.
▶ 고생담 : 어렵고 고된 일을 겪은 이야기.

▶ **서커스** : 마술이나 곡예, 동물의 묘기 등을 보여 주는 공연. 또는 그 공연을 하는 단체.
▶ **자유자재** : 거침없이 자기 마음대로 할 수 있는 상태.

▶ **셜록 홈스** : 영국의 추리 소설 작가인 코난 도일(1859~1930년)의 소설에 나오는 명탐정.
▶ **탐정** : 드러나지 않은 사정을 몰래 살펴 알아내는 사람.

▶ **최첨단** : 시대나 유행의 맨 앞.
▶ **쑥스럽다** : 하는 행동이나 모양이 자연스럽지 못하여 우습고 싱거운 데가 있다.

▶ 완수하다 : 뜻한 바를 완전히 이루거나 다 해내다.
▶ 내공 : 오랜 기간의 경험을 통해 쌓은 능력.

인포그래픽 핵심 과학

빅데이터의 발생 이유

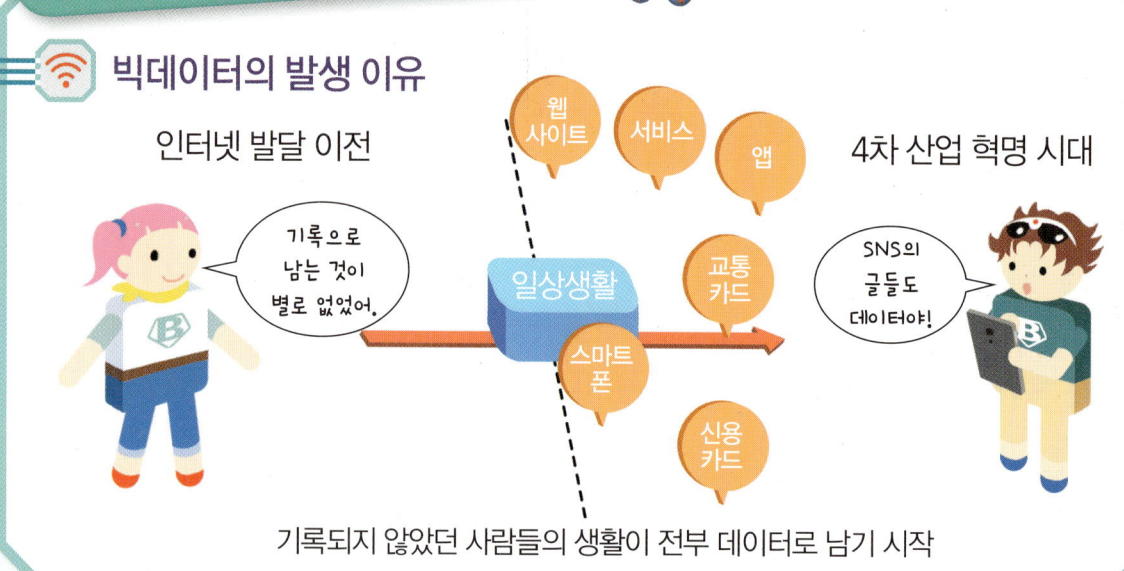

빅데이터의 수집과 활용

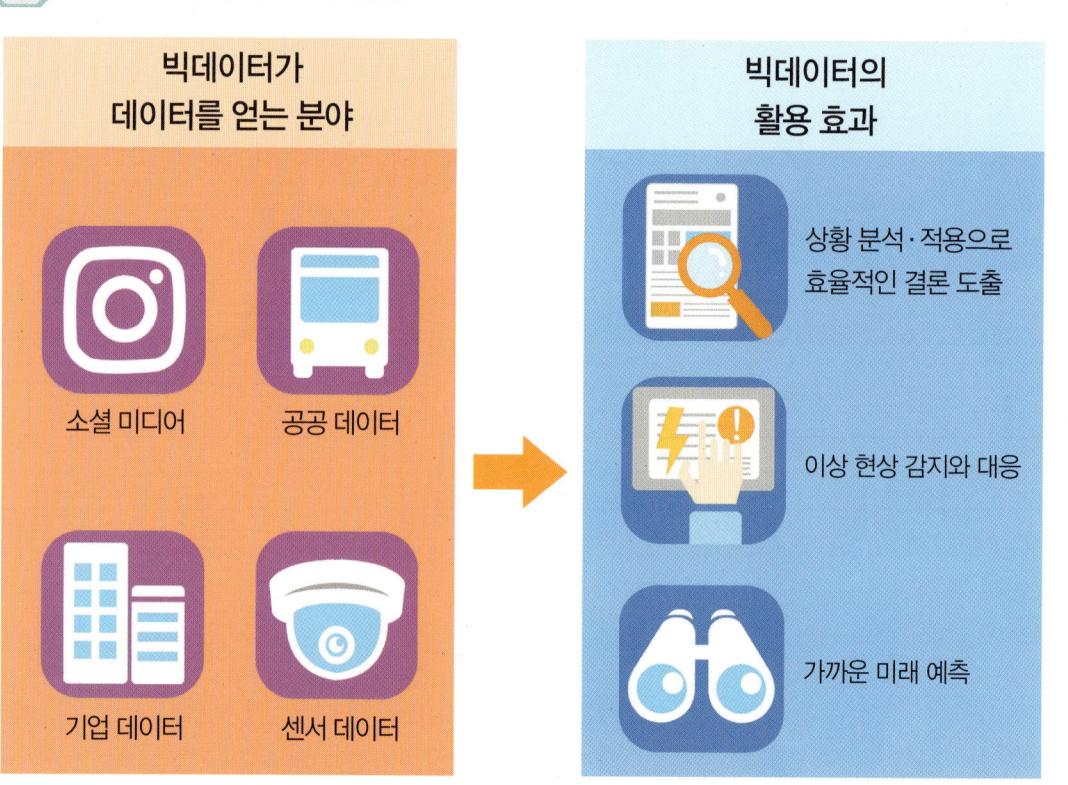

빅데이터의 처리 과정

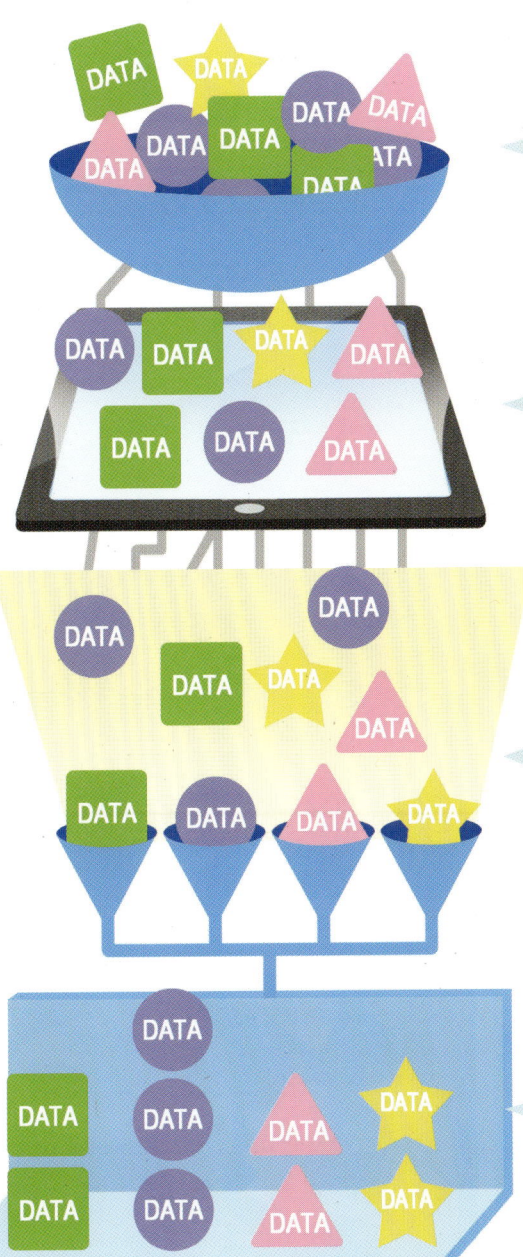

데이터 수집하기
이미 만들어져 있는 다양한 데이터를 수집한다.

데이터 저장하기
수집한 각종 데이터를 처리하기 쉽도록 정리하고, 중복되는 데이터를 통합해 저장한다.

데이터 분석하기
데이터 분석과 처리 기술에 대한 배경 지식이 있는 전문가가 데이터를 분석하고, 의미 있는 결과를 추려 낸다.

데이터 시각화하기
분석 결과를 한눈에 알기 쉽게 표나 그림으로 표현한다.

플러스 통합 과학

수학으로 정보통신 읽기 — 빅데이터는 어떤 단위로 표현할 수 있을까?

컴퓨터와 스마트폰의 사용이 늘어나면서 어마어마한 양의 다양한 데이터가 더 빠르게 만들어지고 있어요. 이렇게 만들어진 대규모 데이터를 빅데이터라고 합니다.

빅데이터는 기존의 데이터보다 데이터의 크기가 크고, 만들어지는 속도가 빠르며, 형태가 다양하다는 특성을 가지고 있어요. 그래서 우리가 흔히 사용하는 메가바이트나 기가바이트의 단위를 뛰어넘어 더 많은 양의 정보를 표현할 수 있는 단위가 필요해졌지요. 따라서 현재 빅데이터의 양을 나타내는 단위로 제타바이트를 사용하고 있습니다.

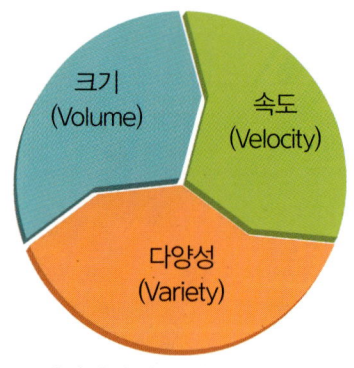

▲ 빅데이터의 특성인 크기, 속도, 다양성을 3V라고 한다.

단위 쓰기	B	KB	MB	GB	TB	PB	EB	ZB
단위 읽기	바이트	킬로바이트	메가바이트	기가바이트	테라바이트	페타바이트	엑사바이트	제타바이트
단위 크기	1B	1,024B	1,024KB	1,024MB	1,024GB	1,024TB	1,024PB	1,024EB

위의 표에서 데이터를 나타내는 단위들을 살펴보면, 바이트가 컴퓨터가 처리할 수 있는 정보의 기본 단위예요. 단위가 한 단계씩 높아질 때마다 1,024배씩 커진답니다.

1제타바이트에는 3메가바이트의 MP3 노래를 281조 5,000억 개나 저장할 수 있지.

인물로 정보통신 읽기
나이팅게일은 분석한 데이터를 어떻게 시각화했을까?

간호사였던 플로렌스 나이팅게일은 크림 전쟁 당시 자원봉사대에 지원하여 터키에 있는 영국군 야전 병원으로 갔어요. 그곳에서 부상병들이 전쟁터에서의 부상으로 인해 사망하는 경우보다 야전 병원에서 전염병에 감염되어 사망하는 경우가 훨씬 많다는 사실을 깨닫고 놀란 나이팅게일은 감염으로 인해 더 많은 환자가 죽는 이 상황을 바꾸어야겠다고 마음먹었습니다.

▲플로렌스 나이팅게일 (1820~1910년)

야전 병원의 더러운 위생 시설이 병균을 더 많이 옮긴다고 생각한 나이팅게일은 병원 곳곳을 꼼꼼히 청소하고 관리했어요. 또한 환자에 대한 기록을 체계적으로 작성했어요. 당시 야전 병원에서는 환자가 무엇 때문에 입원해 어떤 치료를 받았는지는 물론이고, 사망 여부조차도 기록하지 않았거든요.

나이팅게일은 다른 의료진에게도 의무기록표를 만들게 했어요. 입원 환자의 부상 정도, 추가 질병 감염 여부, 치료 결과 등을 매일 기록한 후 이를 월별로 정리했지요. 그리고 더 나아가 그 기록의 분석 결과를 사람들에게 효과적으로 알릴 방법을 고민했어요.

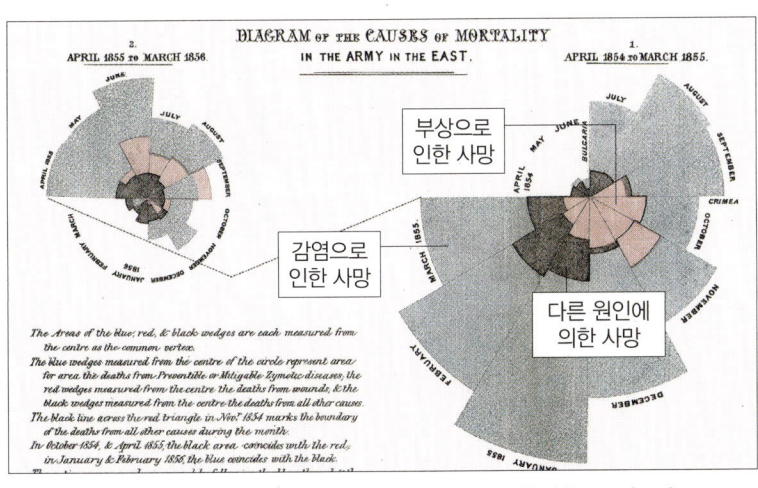

▲크림 전쟁(1853~1856년) 당시 영국군의 사망 원인을 보여 주는 '나이팅게일 로즈 다이어그램'.

나이팅게일은 환자의 사망 원인을 월별로 정리해 세 가지 색으로 도표에 시각화했고, 이 도표를 본 정부가 심각성을 깨닫고 환경 개선을 적극적으로 지원해 42%가 넘던 환자들의 사망률을 2%로 낮출 수 있었습니다.

▶ **야전 병원**: 전쟁터에서 부상당한 병사들을 치료하기 위하여 임시로 전쟁터와 가까운 곳에 설치하는 병원.

2장 빅데이터는 어떻게 수집하고 분석할까?

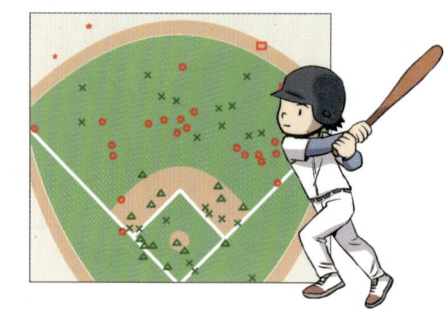

반드시 내가 빅토피아의 빅데이터 시스템을 복구해 주겠어!

그래도 이 정도 시설이면 충분히 임무를 ▶완수하겠어!

내 생각도 그래.

미안하지만 이 정도로는 어림없어.

왜?

이미 ▶완벽해서 어떤 데이터라도 분석하고 처리할 수 있을 것 같은데?

▶ 완수하다 : 뜻한 바를 완전히 이루거나 다 해내다.
▶ 완벽하다 : 결함이 없이 완전하다.

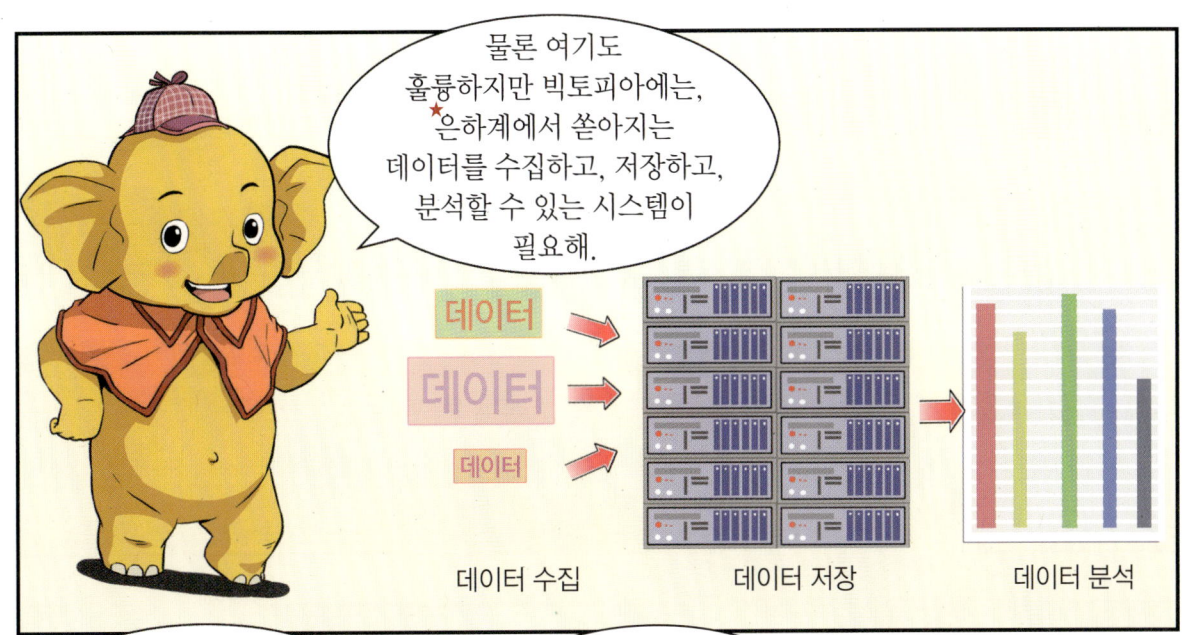

★ 은하계 : 은하를 이루고 있는 별을 비롯한 수많은 천체의 집단.
▶ 명탐정 : 사건을 해결하는 능력이 뛰어나 이름이 널리 알려진 탐정.

▶ **검색 엔진** : 인터넷에서 원하는 정보를 검색하기 위한 웹사이트. 찾고자 하는 주제의 핵심 단어를 입력하면 그와 일치하거나 관련된 정보를 찾아줌.

▶ [46쪽] 키워드 : keyword. 데이터를 검색할 때, 특정한 내용이 들어 있는 정보를 찾기 위하여 사용하는 핵심 단어.

▶ 해커 : 컴퓨터 시스템의 내부 구조를 잘 알고, 다른 사람의 컴퓨터 시스템에 들어가 데이터를 불법으로 열어보고 내용을 바꾸거나 파괴하는 사람.

▶ **혜성** : 우주에서 가스로 이루어진 긴 꼬리를 끌고 포물선을 그리며 떨어지는 천체. 또는 어떤 분야에서 갑자기 뛰어나게 드러나는 존재를 비유적으로 이르는 말.

바이트는 오해에서 벗어나기 위해 스스로 프로그램을 조사했고, 강대국의 사이버 보안국이 지구인 전체를 감시하기 위해 그의 프로그램에 몰래 바이러스를 심었다는 것을 알게 됐지.

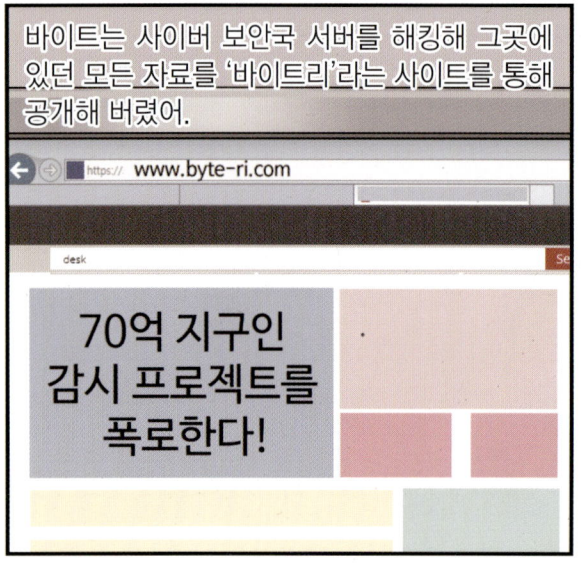

바이트는 사이버 보안국 서버를 해킹해 그곳에 있던 모든 자료를 '바이트리'라는 사이트를 통해 공개해 버렸어.

70억 지구인 감시 프로젝트를 폭로한다!

덕분에 사이버 보안국과 경찰들의 추적을 받는 신세가 됐지만 말이야.

와~ 얘기만 들어도 대단하네.

그 정도 실력이면 빅토피아의 빅데이터 시스템을 되살릴 수 있을 것 같아.

바이트는 해커와 프로그래머 사이에서 전설처럼 추앙받지만…

▶ **사이버 보안국** : 인터넷상의 해킹, 정보의 유출, 사이버 테러, 금융 사고 등의 위험으로부터 인터넷 사용자의 정보를 지키기 위한 일을 하는 곳.

▶ [50쪽] 추앙 : 높이 받들어 우러러봄.
▶ 흔적 : 어떤 현상이나 실체가 없어졌거나 지나간 뒤에 남은 자국.

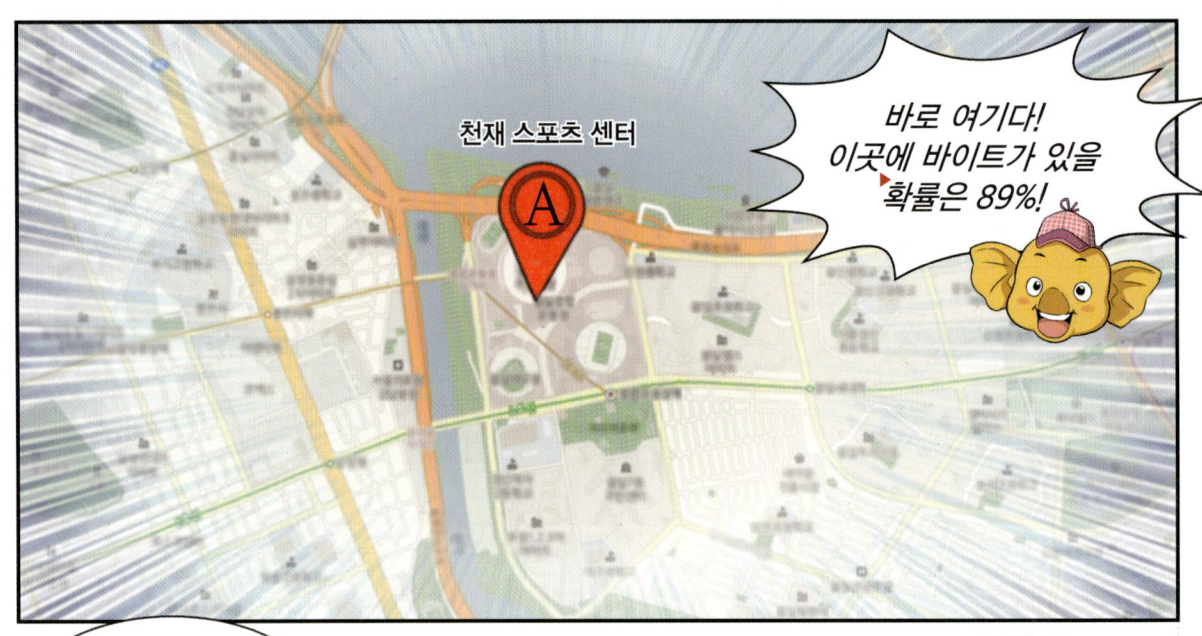

▶ **확률** : 일정한 조건이 있을 때 어떤 사건이 일어날 가능성의 정도.
▶ **[53쪽] 영락없다** : 조금도 틀리지 아니하고 꼭 들어맞다.

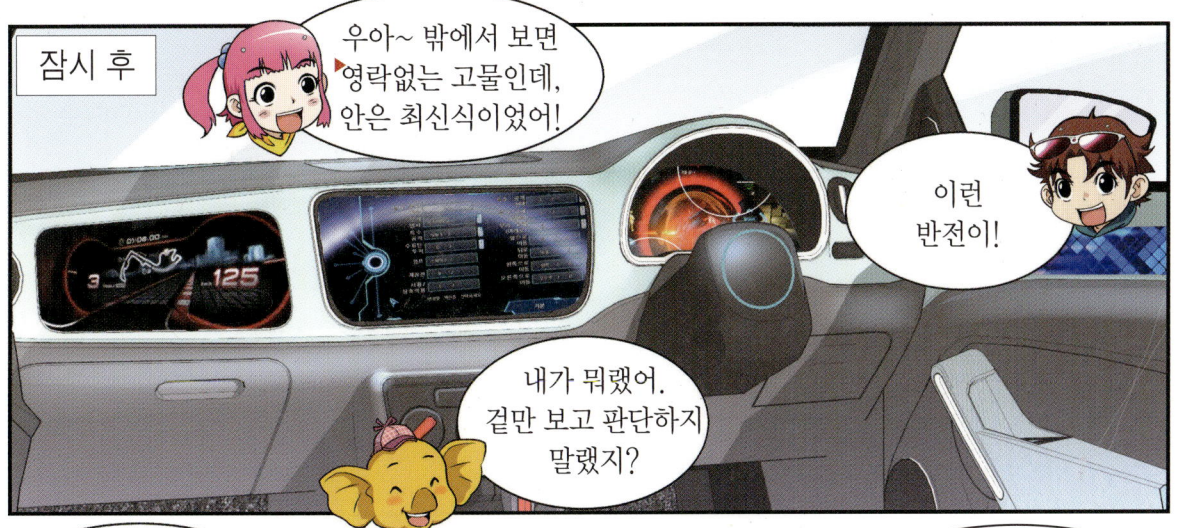

▶ 내비게이션 : navigation. 지도를 보여 주거나 지름길을 찾아 주어 자동차의 운전을 도와주는 장치나 프로그램.

▶ 설비 : 필요한 것을 갖춘 장치. 또는 시설.
▶ 추론 : 어떠한 판단을 근거로 삼아 다른 판단을 이끌어 냄.

▶ 시즌 : season. 1년 중 행사, 경기 등이 활발하게 행해지는 시기.
▶ 승승장구 : 경기, 대결, 일 등의 상황에서 승리하거나 성공한 기세에 이어 계속 나아감.

야구 경기 분석에 쓰이는 세이버메트릭스란 무엇일까?

세이버메트릭스란 야구 경기 때마다 생겨나고 쌓인 수많은 데이터를 분석해, 그 결과를 토대로 선수들이 야구를 할 때 개인의 역량을 최대로 끌어낼 수 있도록 돕는 데이터 분석 기법이다. 세이버메트릭스가 나오기 전까지는 타율, 타점, 방어율 정도의 기준이 사용됐지만, 지금은 빅데이터 분석 기법까지 활용되어 새롭게 선수와 경기 상황을 분석하는 기준들이 나오고 있다.

예를 들어 미국의 프로 야구 단장이였던 빌리 빈은 세이버메트릭스를 활용해서 경력이 적어도 득점을 많이 올리는 선수를 찾아내기도 했지.

▶ **역량** : 어떤 일을 해낼 수 있는 힘.
▶ **타율** : 야구에서 타자가 공을 친 횟수를 타석에 선 횟수로 나눈 백분율.

▶ [56쪽] 타점 : 야구에서 타자가 공을 쳐서 얻은 점수.
▶ 관중석 : 운동 경기를 구경하기 위해 모인 사람들이 앉는 자리.

▶ 활용 : 충분히 잘 이용함.
▶ 분야 : 여러 갈래로 나누어진 범위나 부분.

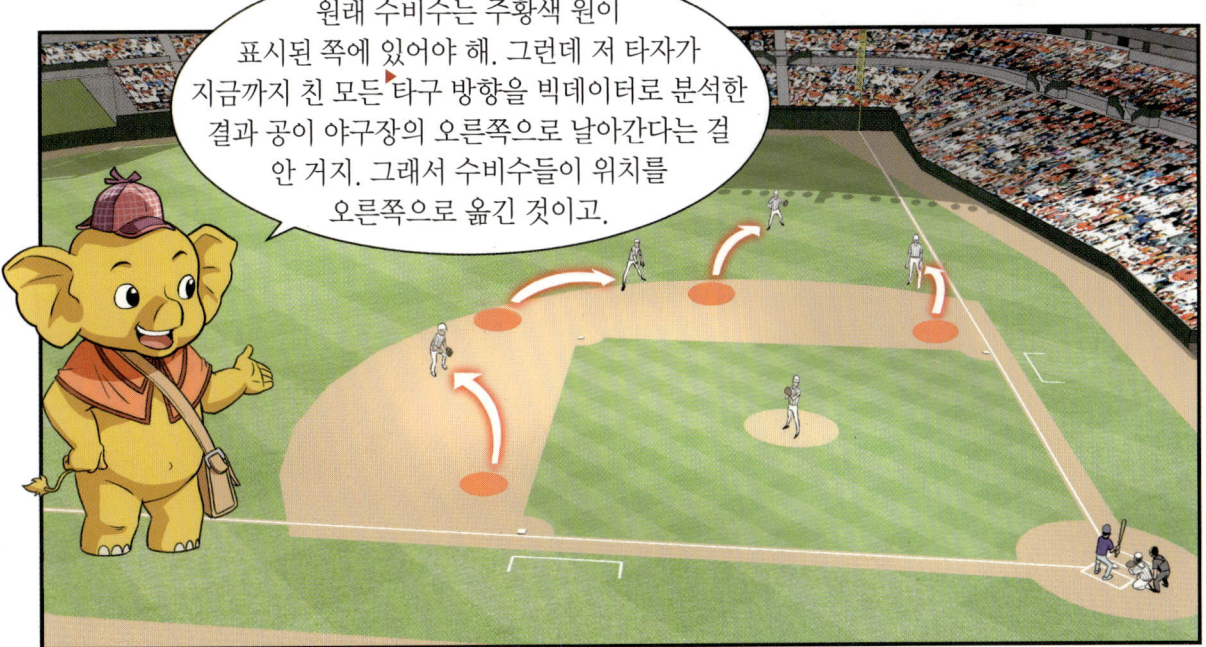

▶ 수비수 : 자신의 팀을 외부의 공격에 대응하여 지켜서 막는 역할을 하는 사람.
▶ 타구 : 야구에서, 공을 치는 일.

▶ 레이더 : radar. 전파를 보낸 다음 그 전파가 목표물에 부딪쳐서 반사하는 정도를 분석해 목표물의 존재와 그 위치를 알아내는 무선 감시 장치.

야구장에서는 어떤 데이터를 수집할까?

야구장의 레이더는 공이 어떤 움직임을 보이는지, 처음 속도와 나중 속도는 얼마인지까지 알아내는데, 이게 다 빅데이터가 돼!

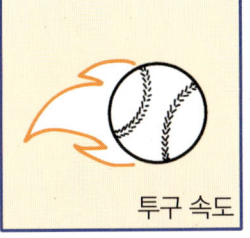

투구 속도

투수가 던지는 공의 속도를 알려 준다.

회전 수

투수가 던지는 공이 얼마나 많이 회전하는지 알려 준다.

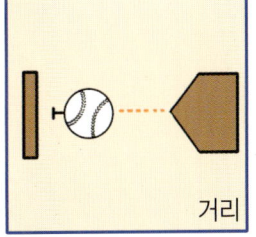

거리

투수의 손끝에서 공이 떨어지는 지점과 홈까지의 거리를 잰다.

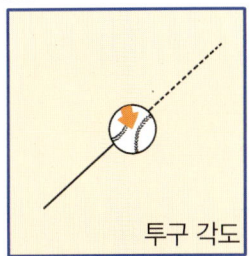

투구 각도

투수가 던진 공이 떨어지는 각도를 잰다.

타구 속도

방망이에 맞아 날아간 공의 속도를 측정한다.

타구 거리

방망이에 맞은 공이 날아간 거리를 잰다.

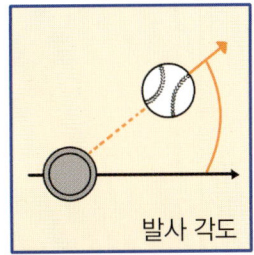

발사 각도

방망이에 맞은 공이 날아가면서 지면과 이룬 각도를 잰다.

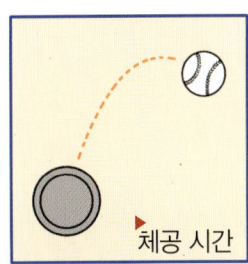

체공 시간

방망이에 맞은 공이 공중에 떠 있는 시간을 잰다.

▶ 주도적 : 어떤 일의 중심 인물이 되어 나서서 이끎.
▶ 체공 : 항공기나 기구 등이 공중에 머물러 있음.

▶ 인이어 : in-ear. 귀에 꽂아 다른 사람에게 실시간으로 상황을 전달받는 용도의 이어폰.
▶ 요원 : 어떤 기관이나 단체에서 맡은 일을 하는 사람.

▶ 기자석 : 기자들이 앉는 자리.
▶ 추리력 : 알고 있는 것을 바탕으로 알지 못하는 것을 미루어 생각하는 능력.

▶ **털어놓다** : 마음속에 품고 있는 사실을 숨김없이 말하다.
▶ **수상하다** : 보통과는 다르게 이상하여 의심스럽다.

▶ 360도 카메라 : 어느 각도로든 회전할 수 있어 원하는 방향의 장면을 자유롭게 찍을 수 있는 카메라.

▶ 헛다리 : 대상을 잘못 파악하고 일을 그르치는 것.
▶ 순순히 : 성질이나 태도가 매우 고분고분하고 온순하게.

▶ **소용없다** : 쓸모가 없거나 이로울 것이 없다.
▶ **재빠르다** : 동작 등이 정말 빠르다.

▶ 예감 : 어떤 일이 일어나기 전에 암시적으로 또는 본능적으로 미리 느낌.
▶ 행운 : 좋은 운수. 행복할 만큼 운이 좋은 것.

▶ **탐나다** : 가지거나 차지하고 싶은 마음이 생기다.
▶ **눈속임** : 사실과 다른 것을 믿게 하기 위해 일부러 남을 속이는 것.

▶ 감지하다 : 느끼어 알다.
▶ 닳다 : 오래 쓰여서 낡아지거나 그 물건의 길이, 두께, 크기 등이 줄어들다.

톡톡 과학 축구에서는 빅데이터가 어떻게 쓰일까?

야구에서와 마찬가지로 축구에서도 빅데이터가 점점 더 많이 쓰이고 있다. 운동장에서 활약하는 선수 22명의 움직임 하나하나를 데이터로 ▶축적해 작전과 선수 평가에 사용하기 때문이다.

또한 훈련을 할 때에는 선수들의 몸에 ★센서를 부착해 선수들의 움직임, 호흡, 맥박 등의 데이터까지 확보해 다음 훈련에 사용한다.

한 경기당 10만 개 이상의 데이터가 만들어지기 때문에 과학적인 분석 방법이 반드시 필요하다.

신체 반응 센서
호흡과 맥박 데이터를 전송함.

동작 센서
선수들이 움직인 위치와 거리를 데이터로 기록함.

22명이 90분 동안 움직인 위치나 속도를 모두 데이터로 만들어 낸다고?

이제 지구에서는 빅데이터가 없으면 운동도 못할 것 같아!

이럴 때가 아니야. 빨리 기자석으로 가 보자!

응!

▶ **축적하다** : 지식, 경험, 자금 등을 모아서 쌓다.
★ **센서** : sensor. 소리, 빛, 온도, 압력 등을 감지해 정보를 제공하는 기계 장치.

▶ 얼쩡거리다 : 하는 일도 없이 자꾸 이리저리 돌아다니거나 빙빙 돌다.
▶ 구단주 : 야구단, 농구단 등의 구단을 운영하는 사람.

▶ 기밀 : 외부에 드러내서는 안 될 중요한 비밀.
▶ 간발 : 아주 잠시 또는 아주 적음을 뜻하는 말.

인포그래픽 핵심 과학

데이터 과학자

데이터 사서
데이터의 보관과 함께 그 활용을 관리하는 전문가

데이터 분석가
데이터를 분석해 그 의미를 정확하게 정의하는 전문가

데이터 엔지니어
빅데이터의 처리를 위한 데이터의 수집·저장·보관 시스템을 구축하는 전문가

데이터 저널리스트
분석된 데이터와 그 의미를 다른 사람에게 효과적으로 전달하기 위한 방법을 연구하는 전문가

데이터 프로그래머
데이터 관련 전문가들이 사용할 데이터 관리와 분석에 필요한 프로그램을 개발하는 전문가

클라우드 서비스

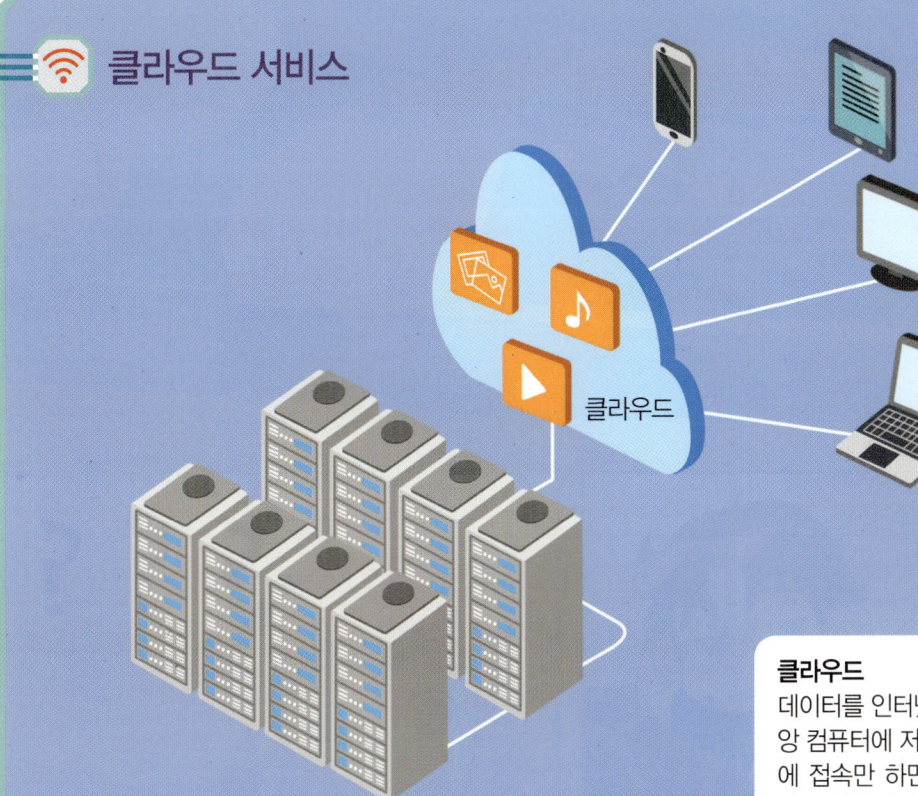

클라우드
데이터를 인터넷과 연결된 중앙 컴퓨터에 저장해서 인터넷에 접속만 하면 어디서든 원하는 데이터를 올리거나 내려받을 수 있다.

기존 저장 방식
똑같은 내용이라도 기기별로 각각의 내용이 복사되어 저장 장치에 담겨 있어야만 이용할 수 있다.

클라우드 저장 방식
각각 다른 기기에 담긴 내용도 하나의 클라우드에 올리고 내리면서 서로 공유할 수 있다.

플러스 통합 과학

스포츠로 정보통신 읽기 | 빅데이터가 운동선수에게 도움을 줄 수 있을까?

운동 경기는 경기 상대가 누구냐에 따라 승패가 갈리기도 해요. 그래서 대결 상대의 전력 분석이 중요하지요.

최근 들어, 선수들의 경기 영상 등의 자료를 모아 빅데이터로 만들어 놓는 스포츠 팀이 늘고 있어요. 선수들은 빅데이터를 통해 얻은 객관적인 자료를 활용해 자신의 경기 중 습관이나 강점, 약점 등을 파악하여 이를 강화하거나 보완할 수 있도록 맞춤형 훈련을 받을 수 있습니다. 또한 상대 선수의 경기력을 분석하여 이에 맞는 경기 전략을 세울 수 있습니다.

예를 들면 야구 구단에서 팀 내 선수 개인에 관한 분석뿐만 아니라 상대 팀 선수의 타격, 수비, 선수 정보 등을 모두 데이터로 만들어 놓아요. 그러면 선수들이나 감독, 스태프는 언제든지 스마트폰이나 태블릿 PC로 이를 확인하고 분석할 수 있지요. 이러한 분석을 토대로 타격할 때 발의 위치, 팔의 각도 등을 조절해 자신에게 맞는 최고의 타격 자세를 찾을 수 있습니다.

> 상대 팀 선수의 특성을 분석해 왼손 투구에 강한 타자, 변화구에 강한 타자를 경기에 내보내는 등의 전략을 세울 수도 있겠지?

▲ 빅데이터를 활용하면 운동선수들은 자신의 강점을 살리고 약점을 보완하는 전략을 세울 수 있다.

▶ 타격 : 야구에서, 투수가 던진 공을 야구 방망이로 치는 일.

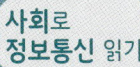 **사회로 정보통신 읽기**

빅데이터가 편의점 운영에 어떤 도움을 줄까?

편의점에는 하루 동안 얼마나 많은 사람이 방문할까요? 적게는 수십 명에서 많게는 수천 명이 오가며 상품을 구매하지요. 이 사이에도 데이터는 계속 만들어지고 있어요. 바로 사람들의 방문 시간, 판매된 상품 목록, 구매자의 성별·연령 등의 정보가 차곡차곡 쌓이고 있기 때문입니다.

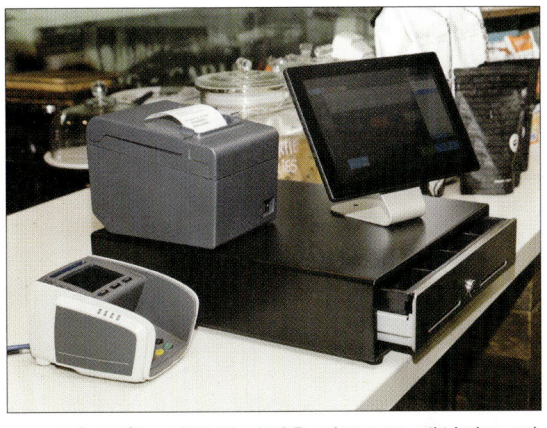
▲ 포스(POS)는 상품의 가격을 자동으로 계산하고, 판매 시점의 정보를 실시간으로 기록해 준다.

빅데이터를 분석하면 상품별 판매량 순위를 파악할 수 있어요. 이를 통해 공급량을 늘리거나 줄여야 할 상품을 결정할 수 있게 되어 상품이 없어 판매하지 못하거나 유통기한이 지나 버려지는 상품을 줄일 수 있지요.

또한, 지역의 특성에 따라 상품 공급 전략을 세울 수도 있습니다. 학생이 많은 지역의 편의점에는 과자나 유제품 등 간식 종류의 공급을 늘리고, 어른들이 많이 찾는 지역의 편의점에는 술이나 안주의 공급을 늘리는 것이에요. 혼자 사는 사람이 많은 지역이라면 적은 양이 포장된 식재료의 수를 늘리는 등의 전략을 세울 수도 있습니다.

▲ 빅데이터를 통해 비 오는 날 매출이 상승하는 상품과 맑은 날 매출이 상승하는 상품을 알 수 있다.

3장 수많은 데이터에서 필요한 정보를 어떻게 골라낼까?

▶ **싱겁다** : 어떤 행동이나 말, 글 등이 흥미를 끌지 못하고 흐지부지하다.
▶ **출동** : 일정한 목적을 실행하기 위하여 떠남.

▶ 착각 : 어떤 사물이나 사실을 실제와 다르게 생각함.
▶ 실수 : 조심하지 못하고 잘못함.

▶ 방해 : 남의 일을 간섭하고 막아 해를 끼침.
▶ 짐작 : 사정이나 형편을 어림잡아 헤아림.

▶ **보고** : 일에 관한 내용이나 결과를 말이나 글로 알림.
▶ **차례** : 순서 있게 구분하여 각각에게 돌아오는 기회.

▶ 엿보다 : 잘 보이지 않는 곳에서 남이 알아차리지 못하게 대상을 살펴보다.
▶ 충전 : 기계에 전기 에너지를 축적하는 일. 또는 휴식을 하면서 활력을 되찾는 일.

▶ 불리하다 : 이롭지 아니하다.
▶ 재촉하다 : 어떤 일을 빨리하도록 조르다.

84
▶ 등쌀 : 몹시 귀찮게 구는 짓.
▶ 정보력 : 정보를 빠르게 얻거나 입수하는 능력.

▶ [84쪽] 스크린 : 영화나 자료가 있는 화면 등을 비추기 위한 백색 또는 은색의 얇은 막.
▶ 스치다 : 서로 살짝 닿으면서 지나가다.

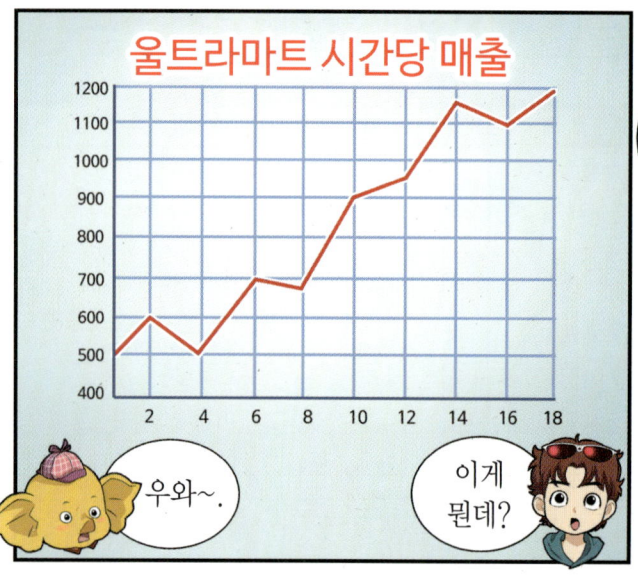

▶ 매출 : 물건을 내다 팔고 벌어들인 수입.
▶ 할인 : 일정한 값에서 얼마를 뺌.

★ **데이터 마이닝** : data mining. 데이터를 분석해 규칙과 관계를 찾아 의사 결정에 이용하는 과정. 예를 들어 상품들이 잘 팔리면 그 사이의 관계를 파악해 마케팅에 반영할 수 있음.

라이브 영상 데이터 마이닝의 방법

▲ 분류 기법으로 분석하기

특성에 따라 데이터를 집단으로 나누어 분석하는 방법이야.

장바구니 안에 담긴 물건들 사이의 관계를 분석하는 방법도 있어.

▲ 연관 관계 분석하기 (장바구니 분석)

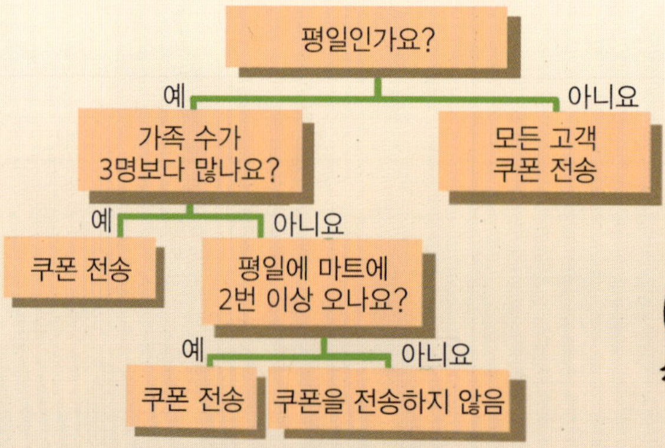

질문에 따라 특성을 결정해 가는 방법이야.

▲ 의사 결정 트리로 분석하기

▶ 원석: 아직 가공하지 않은 보석.
▶ 골라내다: 여럿 가운데서 어떤 것을 골라 따로 집어내다.

★ **자연어 처리** : 컴퓨터로 사람 언어의 이해, 생성, 분석을 다루는 인공지능 기술. 일상에서 쓰는 말의 형태와 의미를 분석해 컴퓨터가 처리할 수 있도록 바꿔 주는 것.

▶ **어절** : 문장을 구성하고 있는 각각의 마디. 문장 성분의 최소 단위이자 띄어쓰기의 단위.
▶ **형태소** : 뜻을 가진 가장 작은 말의 단위.

▶ [90쪽] 의미 : 말이나 글이 가진 뜻.
▶ [90쪽] 파악하다 : 어떤 대상의 내용이나 본질을 확실하게 이해하여 알다.

▶ 코너 : corner. 백화점, 마트 등의 큰 상가에서 특정한 상품을 진열하고 팔기 위한 곳.
▶ 영수증 : 돈이나 물건 등을 받은 사실을 표시하는 종이.

▶ 마케팅 : marketing. 제품을 만든 사람이나 회사가 제품을 살 만한 사람들에게 제품에 대한 정보를 더 많이 알리기 위한 활동.

톡톡 과학 — 빅데이터 분석이 적용된 서비스로는 무엇이 있을까?

우리가 잘 알고 있는 세계적인 기업들은 이미 빅데이터를 분석해 유용한 서비스를 제공해.

아마존의 '추천 상품' 기능
아마존 사이트를 방문한 사람이 접속한 페이지, 횟수, 제품 구매 정보, 모든 클릭 정보를 데이터로 만들어 그 사람에게 맞는 상품을 ▶제안한다.

페이스북의 '알 수도 있는 사람' 기능
페이스북은 사용자의 개인 정보, 자주 읽는 글의 주인, 접속 위치, 메일 주소 등의 자료를 빅데이터로 만들어 알 수도 있는 사람을 추천하는 기능을 제공한다.

구글 ▶트렌드 서비스
구글 트렌드 페이지에서는 전 세계에서 구글로 이 키워드가 얼마나 검색되고 있는지를 그래프로 볼 수 있고, 여러 키워드 사이의 관심도를 비교할 수 있다.

아이폰의 음성 비서 '시리'
아이폰의 시리에게 궁금한 것을 물으면 이 음성 데이터가 자연어 처리를 거쳐 빅데이터로 분석되고, 그 결과로 사용자의 질문에 맞는 답변을 스스로 찾아 알려 준다.

▶ **제안하다** : 방법이나 의견으로 내놓다.
▶ **트렌드** : trend. 사람들의 생각, 활동이나 일이 움직여 가는 방향이나 추세.

▶ 쿠폰 : coupon. 안내장, 광고지에 인쇄되거나 모바일로 발급되어 할인받을 수 있게 한 할인권.
▶ 세일 : sale. 가격을 할인하여 판매함.

▶ **고용주** : 고용한 사람에게 대가를 주면서 대가만큼의 일을 하게 하는 사람.
▶ **함부로** : 조심하거나 깊이 생각하지 아니하고 마음 내키는 대로 행동하는 것.

★ 프로그래밍 : programming. 컴퓨터의 프로그램을 작성하는 일. 또는 프로그램 작성 방법의 결정, 코딩의 오류 수정 등의 작업을 뜻하기도 함.

▶ 전속력 : 낼 수 있는 최대의 빠른 속력.
▶ 위험 : 해롭거나 손실이 생길 우려가 있는 상태.

▶ [98쪽] 포위되다 : 주위를 에워싸이다.
▶ [98쪽] 항복하다 : 적이나 상대편의 힘에 눌리어 굴복하다.

★[101쪽] 해커 : hacker. 다른 사람의 컴퓨터 시스템에 몰래 들어와 데이터를 못 쓰게 만드는 사람.

▶ 셈 : 어떤 형편이나 결과를 나타내는 말.
▶ 감추다 : 남이 보거나 찾아내지 못하도록 가리거나 숨기다.

▶ 방해꾼 : 남의 일을 간섭하고 막아 해를 끼치는 사람.
▶ 확보하다 : 확실하게 마련하거나 갖추다.

▶ 카트 : cart. 물건을 실어 나를 수 있도록 하는 작은 수레.
★ 프로그램 : program. 시스템이 잘 작동하도록 명령어를 순서대로 입력해 둔 것.

▶ 예측하다 : 미리 헤아려 짐작하다.
▶ 주기 : 같은 현상이나 특징이 한 번 나타난 후 다음에 다시 나타나기까지의 기간.

★ [104쪽] 배달용 드론 : 물건을 주문한 사람에게 배달하는 용도의 드론. 미국, 뉴질랜드 등에서는 책이나 피자를 배달하는 드론이 사용되고 있음.

▶ **서두르다** : 일을 빨리 해치우려고 급하게 움직이다.
▶ **기회** : 몇 번. 또는 몇 차례.

▶ **한발** : 어떤 동작이나 행동이 다른 동작이나 행동보다 시간·위치상으로 약간의 간격을 두고 일어남을 뜻하는 말.

인포그래픽 핵심 과학

데이터의 종류

정형 데이터
- 통계 결과나 통계로의 활용이 쉬운 전통적 의미의 데이터
- 이름, 카드 번호 등 주로 숫자나 짧은 단어로 구성

비정형 데이터
- 형태와 구조가 복잡한 데이터
- 영상, 사진, 문서, SNS 기록, 의료 기록 등

반정형 데이터
- 형태가 있지만 컴퓨터로 계산할 수 없는 데이터
- 정형 데이터, 비정형 데이터에 속하지 않는 모든 데이터
- XML, HTML, 인터넷 웹의 로그 기록 등

★스마트 데이터의 특성

정확성(Accurate)
정확한 정보를 전달해야 한다.

행동성(Actionable)
의사 결정 과정에 바로 적용할 수 있어야 한다.

민첩성(Agile)
데이터의 생산·변형·전파가 실시간으로 이루어진다.

★**스마트 데이터** : 빅데이터에서 찾아낸 꼭 필요한 정보를 뜻하며, 세 가지 특성의 앞글자를 따 3A(Accurate, Actionable, Agile)라고 함.

데이터 마이닝의 과정

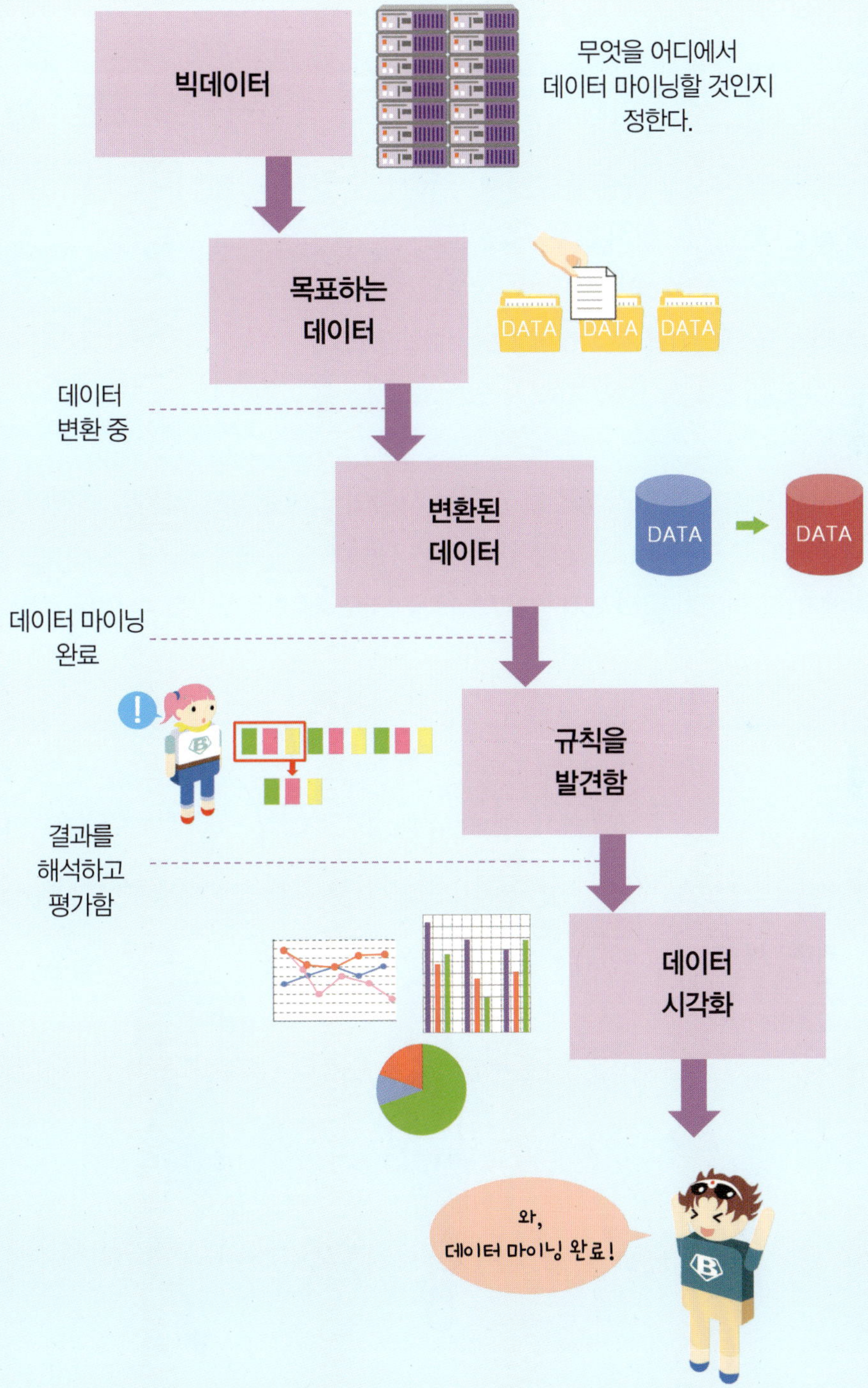

- 빅데이터 → 무엇을 어디에서 데이터 마이닝할 것인지 정한다.
- 목표하는 데이터
- 데이터 변환 중
- 변환된 데이터
- 데이터 마이닝 완료
- 규칙을 발견함
- 결과를 해석하고 평가함
- 데이터 시각화

와, 데이터 마이닝 완료!

플러스 통합 과학

과학으로 정보통신 읽기 빅데이터 분석 과정에서 주의할 점은 무엇일까?

빅데이터를 활용하면 사람들의 취향, 취미, 생각까지도 분석할 수 있어요. 그래서 많은 기업에서 빅데이터를 분석한 자료를 소비자 파악을 위한 도구로 활용하고 있지요. 하지만 빠르게 생성되는 다양한 종류의 데이터 속에서 꼭 필요한 정보를 골라내는 것은 쉽지 않은 일입니다.

데이터가 많아진다고 하여 모두 유익한 정보만 있는 건 아니에요. 따라서 빅데이터를 분석할 때에는 수집한 데이터가 정확한 것인지, 분석할 만한 가치가 있는지 등을 살펴야 합니다.

▲ 디지털 환경에서 만들어지는 모든 기록은 데이터가 되어 저장된다.

최근 SNS의 사용이 늘면서 자기 의견을 밝히는 사람이 많아졌어요. 하지만 의견이 글로 표현되면서 맥락에 따라 자기 의도와 상관없이 다른 사람에게 오해를 불러일으키기도 하지요. 이처럼 맥락에 따라 의미가 달라지지 않을지에 대해서도 제대로 파악할 수 있어야 합니다.

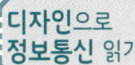
디자인으로 정보통신 읽기
빅데이터 분석 결과를 한눈에 파악할 수 있을까?

어려운 내용이 글로만 정리되어 있는 것보다 도표나 그림과 함께 정리되어 있는 것을 읽을 때 훨씬 이해하기 쉬웠던 경험이 있을 거예요. 이처럼 데이터의 분석 결과를 이해하기 쉽도록 그래프, 아이콘, 도표 등의 다양한 시각화 도구를 활용해 전달하는 것을 인포그래픽(Infographics)이라고 합니다.

인포그래픽을 사용하면, 사람들의 흥미를 쉽게 끌 수 있고, 정보를 익히는 데 드는 시간을 단축할 수 있어요. 정보를 기억하는 지속 시간을 연장할 수도 있지요.

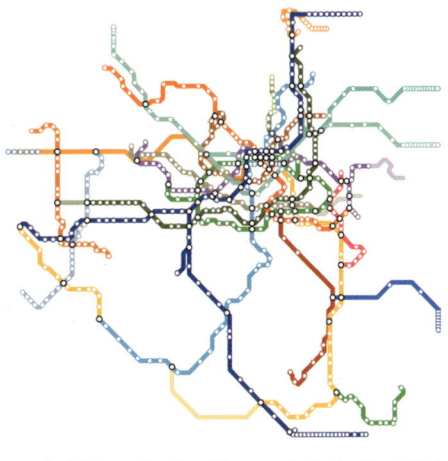
▲지하철 노선도는 인포그래픽의 대표적인 예이다.

이미 오래전부터 인포그래픽은 수학 그래프와 같은 형태로 활용되어 왔어요. 하지만 정보화 사회에 들어서면서 핵심 정보를 간략하게 알리는 수단으로 더욱 많이 사용되고 있지요. 지도, 기호 등으로 이루어진 일기 예보와 지하철 노선도, 홍보물 등을 통해 이미 우리의 일상에서 인포그래픽을 얼마나 자주 접하고 있는지 알 수 있답니다.

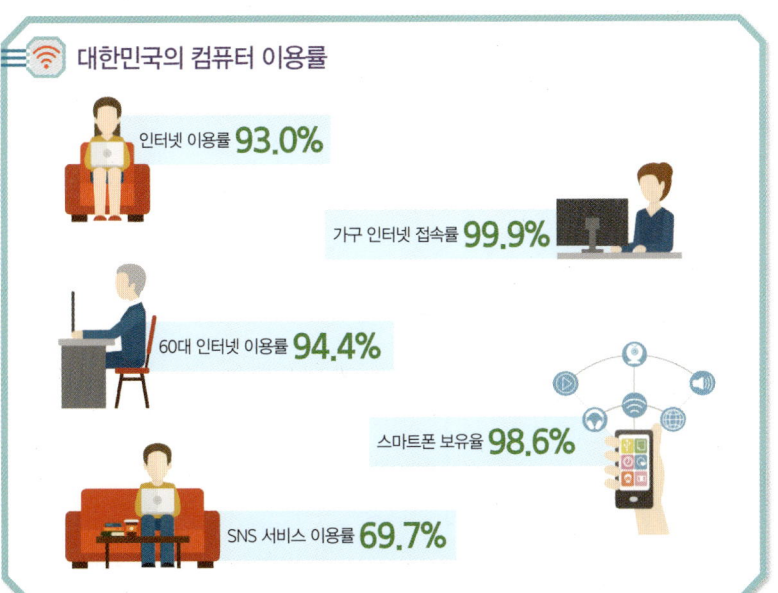

4장 빅데이터를 표현하는 방법은 무엇일까?

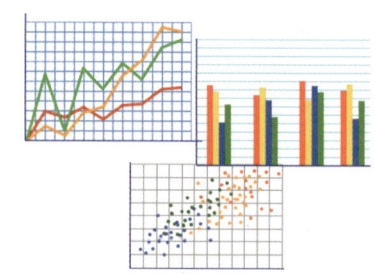

▶ 타이어 : 자동차, 자전거 등의 바퀴 굴레에 끼우는 테두리.
▶ 청구하다 : 남에게 돈이나 물건 등을 달라고 요구하다.

▶ 나열 : 죽 벌여 놓음. 또는 죽 벌여 있음.
▶ 변성기 : 사춘기 때 성대에 변화가 일어나 목소리가 변하는 시기로, 12~15세 사이에 겪음.

▶ [115쪽] 난민 : 급작스럽게 일어난 전쟁이나 재난 때문에 몸을 피할 준비를 미리 하지 못해 어려운 상황에 처한 사람.

▶ 실정 : 실제의 사정이나 실제로 일이 돌아가는 형세.
▶ 구조대 : 재난을 당하여 위기에 빠진 사람 등을 구할 목적으로 만들어진 조직.

▶ **자원봉사자** : 어떤 일을 대가 없이 자발적으로 참여하여 돕는 사람.
▶ **전염병** : 남에게 해로운 병균을 옮길 수 있는 질병을 통틀어 이르는 말.

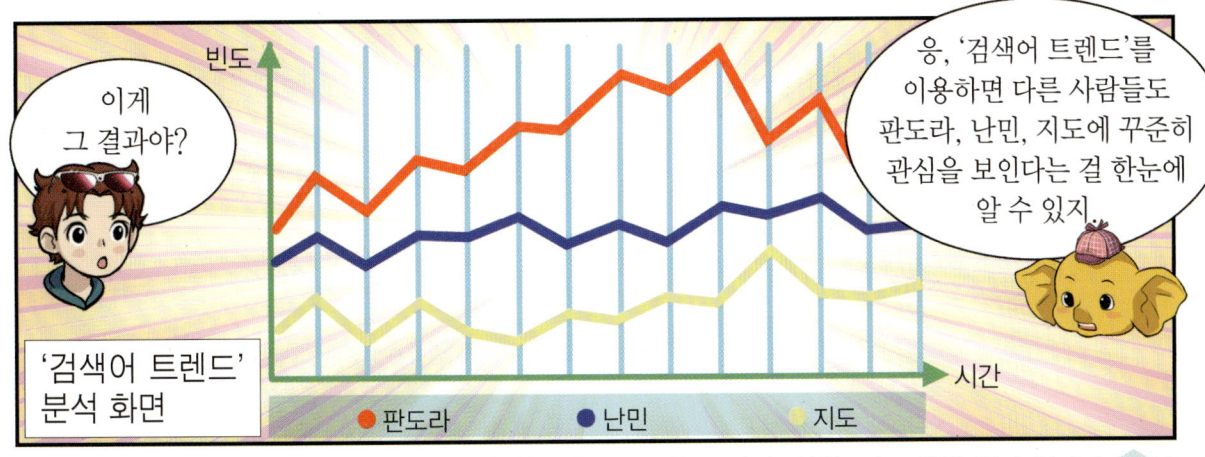

▶ **시각화**: 데이터의 분석 결과를 이해하기 쉽도록 표, 그래프, 사진, 삽화, 지도 등을 글과 함께 표현하여 정보를 보다 쉽게 이해할 수 있도록 전달하는 것.

빅데이터의 시각화란 무엇일까?

방대한 양의 데이터 분석 결과를 줄글로 파악하기에는 많은 시간이 들뿐더러 정보를 습득하는 양에 한계가 있기 때문에, 데이터 분석 결과를 쉽게 이해할 수 있도록 시각적으로 표현하여 전달하는 것을 빅데이터의 시각화라고 한다.

시간 순서대로 시각화한 막대 그래프, 점 그래프, 항목별로 분포된 정도를 시각화한 원형 차트, 공간을 시각화한 지도 등 표현할 수 있는 방법이 다양하다. 특히 최근에는 한눈에 개괄적인 정보를 알 수 있도록 데이터를 표현하는 인포그래픽을 많이 활용하고 있다.

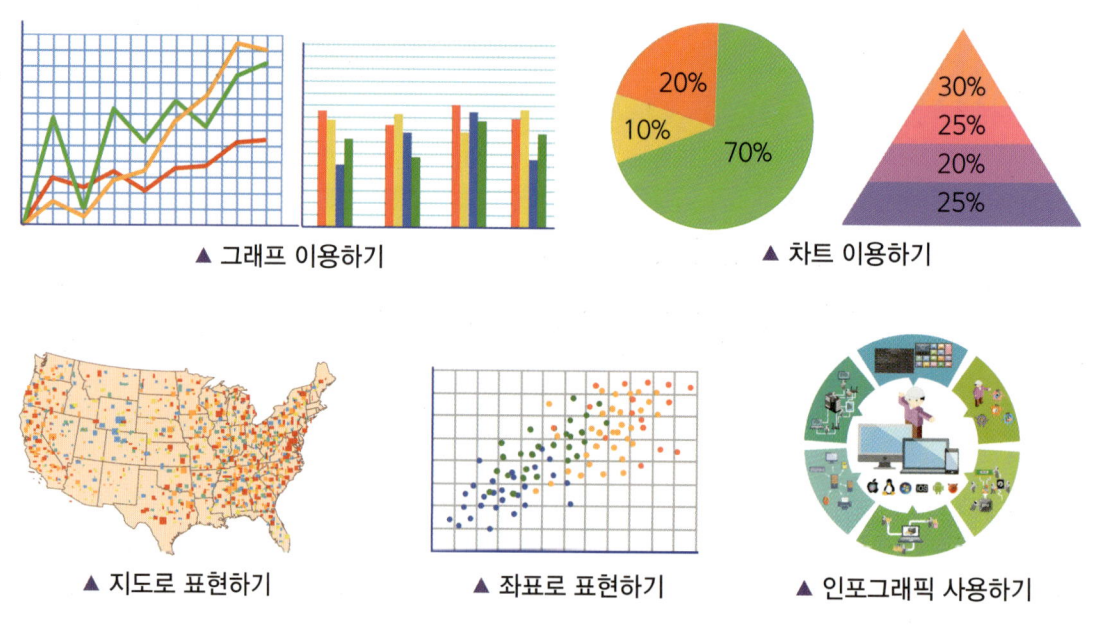

▲ 그래프 이용하기   ▲ 차트 이용하기

▲ 지도로 표현하기   ▲ 좌표로 표현하기   ▲ 인포그래픽 사용하기

▶ 개괄 : 중요한 내용이나 줄거리를 대강 추려 냄.
▶ [119쪽] 정밀하다 : 아주 정교하고 치밀하여 빈틈이 없고 자세하다.

▶ 희소 : 매우 드물고 적음.
▶ 값어치 : 일정한 값에 해당하는 분량이나 가치.

라이브 영상 공공 데이터

공공 데이터는 공공 기관이 업무를 수행하면서 만들어 낸 텍스트, 수치, 이미지, 동영상, 오디오 등 다양한 형태의 자료 또는 정보를 의미한다. 정부나 지방 자치 단체 등에서 해당 기관이 가지고 있는 통계 자료, 지리 정보, 생명 과학 정보, 교통과 통신, 전기 정보 등과 같은 공공 정보를 공개하면, 사람들은 그 데이터를 활용해 버스 노선 정보, 날씨 정보 등을 더 많은 사람이 쉽게 찾아볼 수 있도록 가공할 수 있다. 우리가 스마트폰에서 편리하게 다운로드받아 이용할 수 있는 몇몇 앱은 이러한 공공 데이터를 활용해서 만든 자료를 제공하고 있는 것이다.

▲ 공공 데이터를 활용한 버스 앱

▲ 공공 데이터를 활용한 날씨 앱

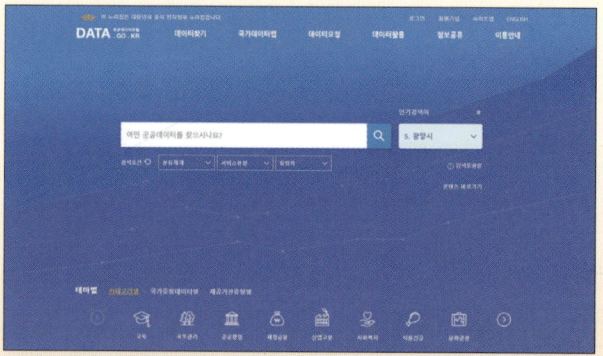
▲ 국가에서 운영하는 사이트인 '공공 데이터 포털'에는 다양한 공공 데이터가 공개되어 있다.

공공 데이터는 누구나 무료로 활용할 수 있어.

그래서 우리가 근처 병원 정보, 버스나 지하철의 도착 정보까지 앱으로 쉽게 제공받을 수 있는 거야.

▶ 공익 : 공공의, 사회 전체의 이익.
▶ 제공하다 : 가지고 있다가 내놓거나 대주어 도움이 되게 하다.

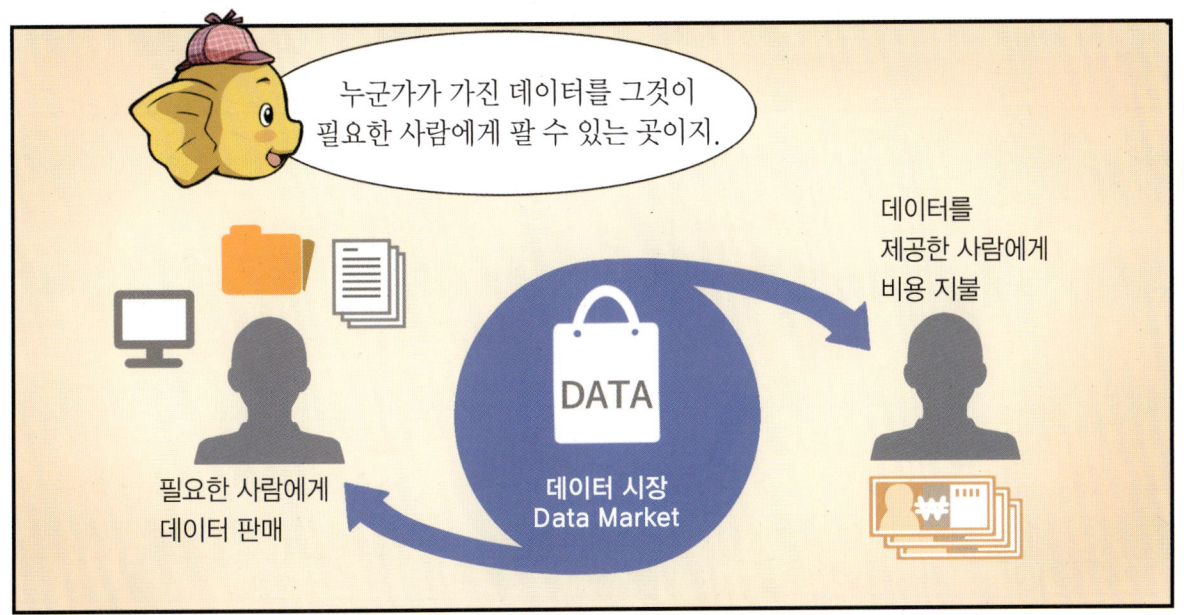

▶ **독점** : 개인이나 하나의 단체가 다른 경쟁자를 제외하고 생산과 시장을 지배하여 이익을 독차지함. 또는 그런 경제 현상.

▶ **구두쇠** : 돈이나 재물 등을 쓰는 데 몹시 인색한 사람.
▶ **발로 뛰다** : 적극적으로 활동하다.

▶ **십년감수** : 수명이 십 년이나 줄어든 것처럼 마음을 졸이는 위험한 고비를 겪음.
▶ **유출** : 귀중한 물건이나 정보가 불법적으로 나라나 조직의 밖으로 새어 나감.

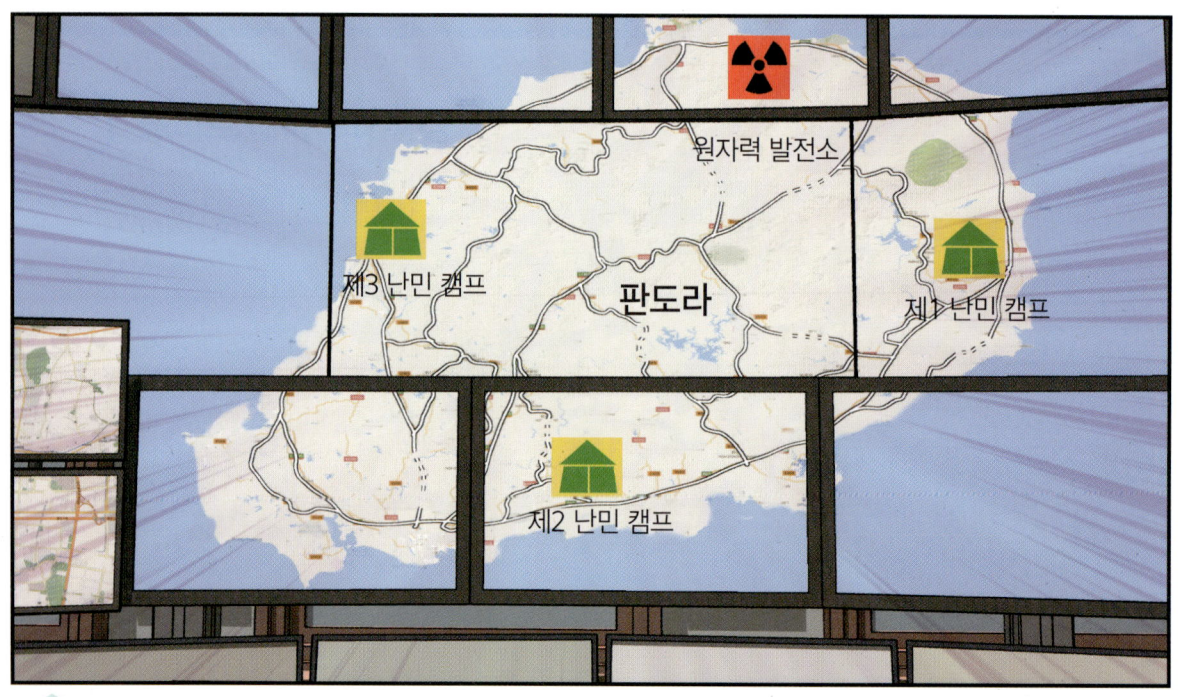

▶ **오픈스트리트맵** : OpenStreetMap. 참여형 백과사전인 위키피디아와 비슷하게 누구나 지도 정보를 만들고 수정할 수 있는 참여형 무료 지도 서비스.

▶ 공유하다 : 두 사람 이상이 한 물건을 공동으로 소유하고 이용하다.
▶ 꾸미다 : 어떤 일을 짜고 만들다.

★**다운로드** : download. 컴퓨터 통신망을 통하여 파일이나 자료를 받아 오는 것. 멀리 떨어져 있는 다른 컴퓨터 혹은 서버에서 필요한 파일이나 자료를 전송받음.

▶ [126쪽] 작동하다 : 기계가 작용을 받아 움직이다.
▶ 에워싸다 : 둘레를 빙 둘러싸다.

▶ 늪 : 땅바닥이 우묵하고 늘 물이 괴어 있어 질척질척한 곳.
▶ [129쪽] 방법 : 어떤 일을 해 나가거나 목적을 이루기 위하여 취하는 수단이나 방식.

▶ 쫓다 : 어떤 대상을 잡거나 만나기 위하여 뒤를 급히 따르다.
▶ 수난 : 견디기 힘든 어려운 일을 당함.

▶ 견인차 : 고장이 났거나 불법으로 정차하고 있는 자동차를 달아 올려서 수리 공장이나 적법한 장소로 옮기는 차. 자동차를 들어 올릴 수 있는 기중기를 차 뒤쪽에 달아두고 있음.

▶ [130쪽] 몰려오다 : 여럿이 떼를 지어 한쪽으로 밀려오다.
▶ 무사하다 : 아무 탈 없이 편안하다.

▶ 임무 : 맡은 일. 또는 맡겨진 일.
▶ 탐색하다 : 드러나지 않은 사물이나 현상 등을 알아내거나 밝히기 위하여 살피어 찾다.

▶ 통역 : 말이 통하지 아니하는 사람 사이에서 뜻이 통하도록 말을 옮겨 줌.
▶ 쓸모 : 쓸 만한 가치.

똑똑 과학 | 빅데이터로 어떤 서비스를 제공할 수 있을까?

구글의 번역 서비스나 애플의 *시리, 아마존의 *에코에서 제공하는 음성 인식 기능은 이 서비스를 사용하는 사람들이 만들어 낸 음성 파일을 빅데이터로 만들어 비슷한 패턴을 근거로 삼아 추측하고, 스스로 학습해서 더 높은 수준의 통역, 번역 서비스로 진화하고 있다.

구글의 리캡차(reCAPTCHA) 서비스는 화면에 보이는 문자 혹은 숫자를 입력하게 해 사용자를 인증하는 서비스이다. 화면에 보이는 문자 혹은 숫자는 이미지로 변환되어 왜곡되어 있는데, 각 사용자가 입력한 답이 빅데이터로 쌓이므로 사용자가 사람인지 기계 학습을 한 인공지능인지를 더 정확히 구별할 수 있다.

▲ 빅데이터를 활용한 구글 번역기

▲ 빅데이터를 활용한 구글 리캡차 서비스

★ 시리 : Apple Siri. 2011년에 애플이 아이폰4S와 함께 개발한 음성 인식 서비스. 사용자의 말을 알아듣고 간단한 대화를 할 수 있으며 41개의 언어로 소통이 가능함.

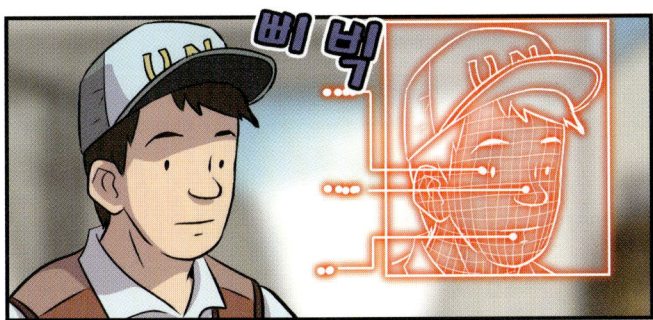

★ [134쪽] 에코 : Amazon Echo. 아마존이 개발한 인공지능 스피커. 간단한 대화를 할 수 있으며 음악 재생, 알람, 날씨 정보 제공 등이 가능함.

▶ **변장**: 본래의 모습을 알아볼 수 없게 하기 위하여 옷차림, 얼굴, 머리 모양 등을 다르게 바꿈.
▶ **경보**: 태풍이나 지진 등의 큰 위험이 닥쳐올 때 대비하도록 미리 알리는 일.

▶ [136쪽] 발전소 : 수력·화력·원자력 등으로 발전기를 돌려 전기를 일으키는 시설을 갖춘 곳.
▶ 대피 : 위험이나 피해를 입지 않도록 일시적으로 피함.

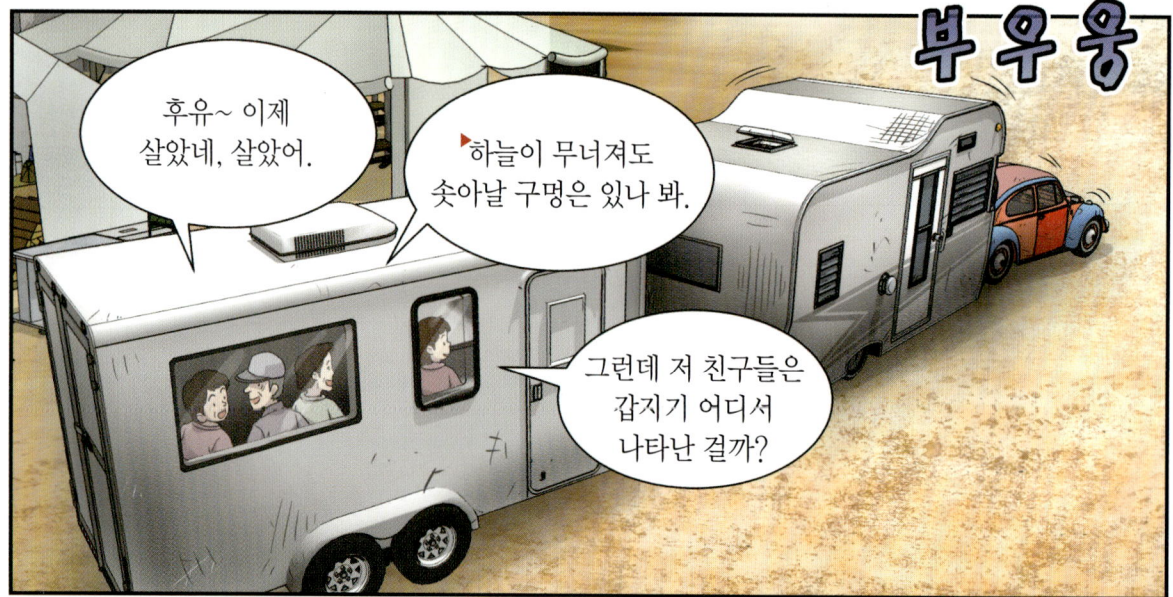

▶ 하늘이 무너져도 솟아날 구멍이 있다 : 몹시 어려운 상황에서도 그 상황을 헤쳐 나갈 방법은 있다는 뜻의 속담.

▶ **오프로드** : off-road. 포장되지 않은 길, 즉 산길이나 울퉁불퉁하여 험한 곳을 차량으로 통행하는 경우.

★ 배터리 : battery. 에너지를 모아 두었다가 필요한 때에 전기로 재생하는 장치.
★ 방전되다 : 전기가 밖으로 빠져나가 없어지다.

▶ 정체 : 참된 본디의 형체.
▶ 덕분 : 베풀어 준 은혜나 도움.

인포그래픽 핵심 과학

빅데이터를 활용한 버스 정보 알림 시스템

- 이동 인구 밀집도 분석
- 이동 인구 기반 노선 최적화
- 이동 인구 기반 배차 간격 조정

"이동 인구가 많은 곳에 버스 노선을 만들자."

"이동 인구가 많은 곳에 버스가 자주 다니게 하자."

버스 위치 정보 확인 및 실시간 모니터링

빅데이터로 최적의 버스 노선 설계

인공 위성을 통한 버스 위치 정보 수집

교통관제 센터

버스 승객이 교통 정보 확인

빅데이터를 활용한 국민 건강 알림 서비스

데이터 수집

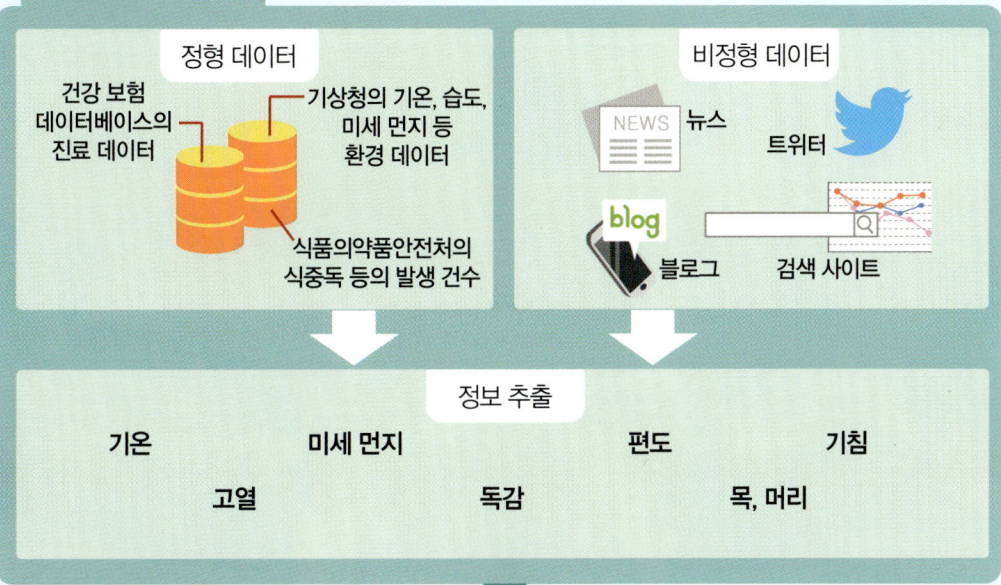

데이터 분석

질병명	대표어	동의어
독감	기침하다	기침하다, 기침 심하다, 기침 계속하다
	인후통	목 아프다, 편도 붓다, 목 따갑다
	열나다	열 오르다, 발열, 고열

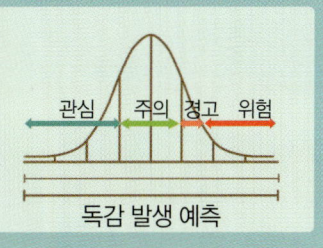

독감 발생 예측

데이터 활용

독감 분포도 / 독감 발생 주의 단계 / 문자 서비스 / 뉴스 미디어 방송

플러스 통합 과학

기술로 정보통신 읽기 컴퓨터가 사람처럼 생각하고 판단할 수 있을까?

제품을 만드는 데 필요했던 사람들의 육체노동은 산업 혁명 이후 기계의 자동화 시스템으로 바뀌었어요. 이제 4차 산업 혁명 시대에는 빅데이터에서 필요한 정보를 골라내는 데 필요한 사람들의 정신노동이 컴퓨터의 일로 바뀔 차례지요.

★기계 학습은 컴퓨터가 방대한 양의 데이터를 분석하고 스스로 생각하여 미래를 예측하도록 하는 기술입니다. 데이터를 분석하고 학습하는 반복 과정에서 나름의 규칙을 발견한 컴퓨터가 그 경험을 바탕으로 앞으로의 규칙도 예측하는 것이지요.

현재 컴퓨터가 기계 학습을 통해 사물을 구별하는 것이 점차 가능해지고 있어요. 특히 이미지 인식, 음성 인식, 번역 등의 분야에서 기계 학습을 활용한 기술이 더욱 발전하고 있습니다. 그중 이미지 인식 분야에서는 단순하게 물체의 종류를 알아맞히는 수준을 넘어 이미지 전체를 설명하는 문장까지 새로 만드는 수준에 도달했다고 합니다.

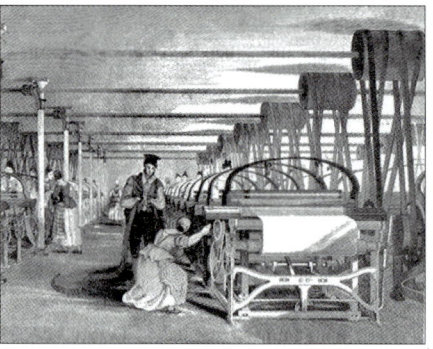

▲18세기 후반부터 약 100년간 유럽을 중심으로 이루어진 산업 혁명은 육체노동이 중심이던 작업장을 기계의 노동이 대신하는 큰 공장으로 전환시켰다.

▲컴퓨터에 수많은 강아지 사진을 보여 준다.

▲컴퓨터는 강아지의 특징을 스스로 학습한다.

▲새로운 강아지 사진을 본 컴퓨터는 즉시 강아지를 알아맞힌다.

★**기계 학습**: 인공지능 안에 속하는 개념으로, 머신 러닝(machine learning)이라고도 함.

사회로 정보통신 읽기 — 시민들이 직접 만드는 지도가 있을까?

길 한복판에서 갑자기 화장실이 가고 싶은데, 공중 화장실이 보이지 않아요. 늦은 시간에 감기가 심해져서 치료를 받고 싶은데, 근처의 진료 중인 병원을 찾기 힘들어요. 살면서 누구나 한 번쯤 경험해 봤을 상황들입니다.

이러한 고충을 겪어 본 사람들이 다른 사람들에게 도움을 주기 위해 화장실 위치, 식당 위치 등의 정보를 모으면서 시작된 것이 바로 커뮤니티 매핑이에요. 커뮤니티 매핑으로 모인 빅데이터로 도시마다 공중 화장실 위치를 알려 주는 스마트폰 지도 앱이 만들어졌고, 병원의 위치는 물론 진료 시간 정보까지 상세하게 나오는 앱도 등장했지요. 이처럼 커뮤니티 매핑이란, 공통의 관심사를 주제로 시민들이 직접 만드는 지도를 뜻합니다.

작은 아이디어에서 시작된 커뮤니티 매핑은 현재 비영리 기구로서 사람들의 다양한 편의를 제공하기 위해 노력하고 있어요. 장애인을 위한 보행 지도, 재난 대처 지도 등이 주기적으로 최신 정보로 업데이트되고 있습니다.

커뮤니티 매핑은 이용자 누구나 정보를 업데이트할 수 있어.

지역 사회 (community, 커뮤니티)
공간적, 지역적 단위의 사회 조직이나 집단

+

지도 만들기 (mapping, 매핑)
지리적인 요소를 가진 정보를 지도에 표시하는 모든 과정

공중 화장실 발견! 위치를 SNS에 태그해야겠다.

커뮤니티 매핑 (community mapping)
공동체의 구성원들이 함께 사회, 문화, 환경, 지역 문제 등 특정 주제에 대한 정보를 수집하고 모아서 이를 지도로 만들어 공유하고 이용하는 과정

주변의 화장실 위치, 식당 위치 등 필요한 정보를 선택해 제공받을 수 있어!

5장 빅데이터의 보관과 관리는 어떻게 이루어질까?

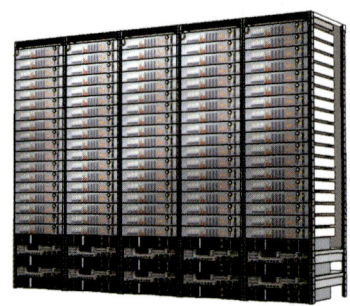

▶ 극적 : 극을 보는 것처럼 큰 긴장이나 감동을 불러일으키는 것. 또는 그런 순간.
▶ 가동 : 사람이나 기계 등이 움직여 일하는 것.

▶ [146쪽] 폐쇄하다 : 기관이나 시설을 없애거나 기능을 정지하다.
▶ 이실직고 : 사실 그대로 고함.

▶ 도청 : 남의 이야기, 회의의 내용, 전화 통화 등을 몰래 엿듣거나 녹음하는 일.
▶ 고자질쟁이 : 남의 비밀이나 잘못을 몰래 일러바치는 일을 잘하는 사람.

★[148쪽] 리셋 : reset. 데이터를 처리하는 시스템 전체 또는 일부를 가장 처음의 상태로 되돌리는 일.

▶ 추적하다 : 도망하는 사람의 뒤를 밟아서 쫓다.
▶ [151쪽] 치밀하다 : 자세하고 꼼꼼하다.

★로그인 : log-in. 컴퓨터 시스템을 이용하기 위하여 컴퓨터에 그 시스템을 사용하는 사용자임을 알리는 일.

Do Not Track 기능이란 무엇일까?

Do Not Track 기능은 '추적 금지' 혹은 '추적 안 함' 기능이라고도 하는데, 사생활 보호를 위해 이용자가 자신의 인터넷 사용 기록이나 개인 정보 등이 추적되거나 수집되지 않도록 제한하는 기능을 말한다.

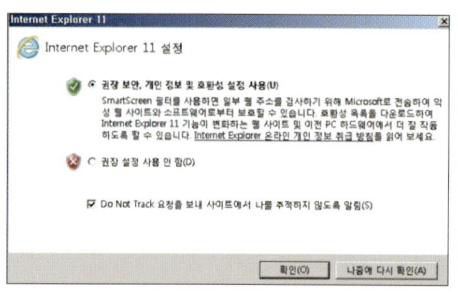

▲ 익스플로러 브라우저의 추적 방지 기능

▶ 얄밉다 : 말이나 행동이 얄쌀빠르고 밉다.
▶ 허점 : 불충분하거나 허술한 점. 주의가 미치지 못하거나 틈이 생긴 구석.

▶ 실력 : 실제로 갖추고 있는 힘이나 능력.
▶ 상심하다 : 슬픔이나 걱정 등으로 속을 썩이다.

인터넷을 제대로 끄지도 못하고 도망갔어!

비정상적으로 종료되었습니다. 종료되기 전 상황으로 복구할까요?
예   아니요

내가 뭔가 잘 찾아낸 거지?

맞아, 고마워!

바이트가 남긴 유일한 실수를 찾아낸 것 같아!

월드 데이터 센터
A

일단 타, 출발!

★[155쪽] 데이터 센터 : data center. 서버, 네트워크 등 데이터 서비스 제공에 필요한 장비를 한 건물 안에 모아 매일 운영하고 관리하는 시설.

▶ 외딴 : 외따로 떨어져 있는.
▶ 규모 : 사물이나 현상의 크기나 범위.

▶ 냉각탑 : 화학 공업 등의 분야에서, 공기의 자연통풍이나 송풍기 등에 의한 인공통풍으로 열을 식히는 장치.

🎬 라이브 영상 데이터 센터

데이터 센터는 ▶냉각 시설, ▶전력 공급 시설, 네트워크를 관리하는 상황실 등으로 구성된다. 서버 장비는 온도와 습도에 민감하므로 일정하게 유지되어야 하며 안전 장치와 보안 시설이 필요하다.

세계의 데이터 센터를 구경해 볼래?

▲ 미국의 구글 데이터 센터

▲ 싱가포르의 구글 데이터 센터

▲ 네덜란드의 구글 데이터 센터

▶ **냉각** : 물체나 물질의 더운 기운을 잃게 하여 차갑게 함.
▶ **전력** : 전기가 일정 시간 동안 만들어 내는 힘.

▶ 엄청나다 : 짐작이나 생각보다 정도가 아주 심하다.
★ 스토리지 : storage. 하드 디스크 등의 데이터 저장 장치.

▶ 라이브 영상 클라우드

클라우드는 인터넷으로 연결된 서버 공간에 언제 어디서든 원하는 데이터를 올리거나 내려받을 수 있는 서비스이다. 또한 클라우드 컴퓨팅은 클라우드의 개념을 이용해 많은 양의 데이터를 동시에 처리하기 위해서 여러 대의 컴퓨터에 정보를 분산하거나 옮겨서 처리할 수 있는 기술이다.

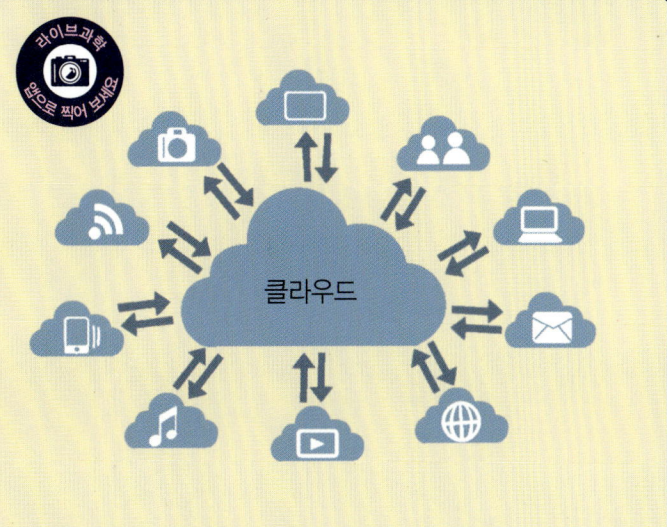

★시스템 : system. 컴퓨터를 구성하는 하드웨어와 소프트웨어를 연결한 구성 상태. 일반적으로는 각 장치의 구성을 말함.

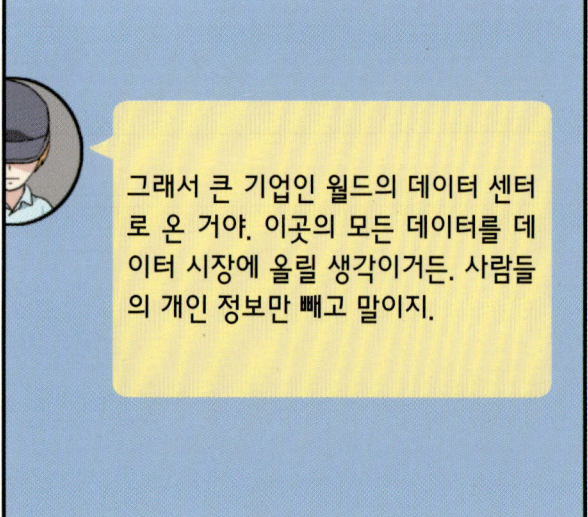

★해킹 : hacking. 다른 사람의 컴퓨터 시스템에 허락 없이 침입하여 데이터와 프로그램을 없애거나 망치는 일.

▶ 공유 : 두 사람 이상이 한 물건을 공동으로 소유하고 이용함.
▶ 분산하다 : 따로따로 나뉘어 흩어지게 하다.

▶ 서두르다 : 일을 빨리 해치우려고 급하게 바삐 움직이다.
▶ 꼼짝 : 몸을 둔하고 느리게 조금 움직이는 모양.

▶ 은밀히 : 숨어 있어서 겉으로 드러나지 않음.
▶ 사라지다 : 현상이나 물체의 자취가 없어지다.

▶ 볼일 : 해야 할 일.
▶ 틈 : 어떤 행동을 할 만한 기회.

▶ 반하다 : 어떤 사람이나 사물에 마음이 홀린 것처럼 쏠리다.
▶ 복수하다 : 원수를 갚다.

▶ 유일하다 : 오직 하나밖에 없다.
▶ 단서 : 어떤 문제를 해결하는 방향으로 이끌어 가는 일의 첫 부분.

★**복구하다** : 시스템이 정상적으로 작동하지 않을 때, 문제가 생기기 이전의 상태로 되돌려 시스템이 정상적으로 작동하도록 하다.

★**가상 현실** : 특정한 환경이나 상황을 컴퓨터로 만들어서 사용자가 실제로 경험하고 있는 것처럼 만들어 주는 가상 공간.

▶ [168쪽] 독점하다 : 독차지하다.
▶ 속셈 : 마음속으로 하는 궁리나 계획.

▶ 혐의 : 범죄를 저질렀을 가능성이 있다고 보는 것.
▶ 감시하다 : 단속하기 위하여 주의 깊게 살피다.

▶ [170쪽] 진정하다 : 분노로 흥분된 감정이나 아프거나 슬픈 상태를 가라앉히다.
▶ 뛰어나다 : 남보다 월등히 훌륭하거나 앞서 있다.

▶ **방해하다** : 남의 일을 간섭하고 막아 해를 끼치다.
▶ **치르다** : 주어야 할 돈을 내주다.

★은하계 : 은하를 이루고 있는 별을 비롯한 수많은 천체의 집단.
▶작전 : 어떤 일을 이루기 위하여 필요한 조치나 방법을 구함.

▶ **잽싸다** : 동작이 매우 빠르고 날래다.
▶ **도망치다** : 피하거나 쫓기어 달아나다.

▶ 한심하다 : 정도에 너무 지나치거나 모자라서 딱하거나 기막히다.
▶ 주목하다 : 관심을 가지고 주의 깊게 살피다.

▶ 곤란하다 : 사정이 몹시 딱하고 어렵다.
▶ [177쪽] 착지하다 : 공중에서 땅으로 내리다.

▶ 떨어지다 : 위에서 아래로 내려지다.
▶ 은신처 : 몸을 숨기는 곳.

▶ 전송 : 글이나 사진 등의 보낼 물건을 전류나 전파를 이용하여 먼 곳으로 보냄.
▶ [179쪽] 허름하다 : 조금 오래되어 낡고 헌 듯하다.

인포그래픽 핵심 과학

📶 데이터 센터의 구조

냉각탑
차가운 공기를 만들어 내부 열기를 밀어내면서 자연스럽게 건물의 열기를 식힌다.
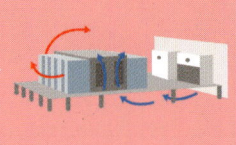

항온 항습기
실내 공기 상태를 조절해 준다.

PDU
(Power Distribution Unit)
전력을 분배한다.
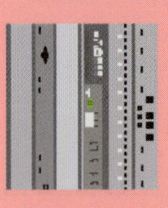

UPS
(Uninterruptible Power Supply)
전력을 끊임 없이 공급한다.

STS
(Static Transfer Switch)
전력 공급이 끊기는 것을 막기 위해 두 곳에서 전력을 받아 공급한다.

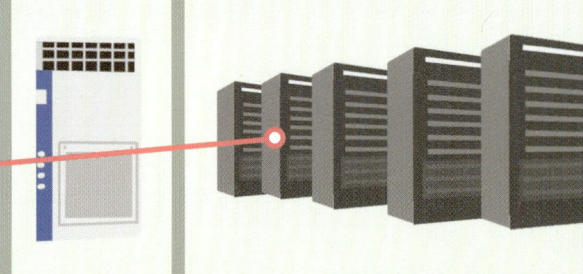

상황실

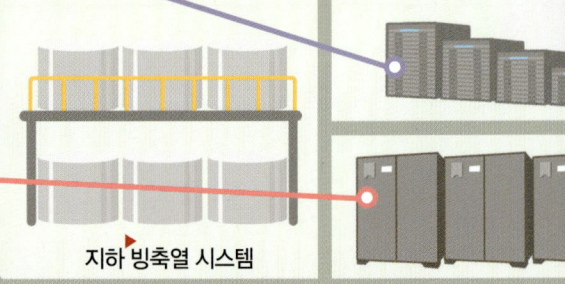

지하 빙축열 시스템

▶ **빙축열** : 전력 소비를 줄이기 위한 냉방 방식. 저장해 둔 얼음을 낮에 녹여 냉방함.

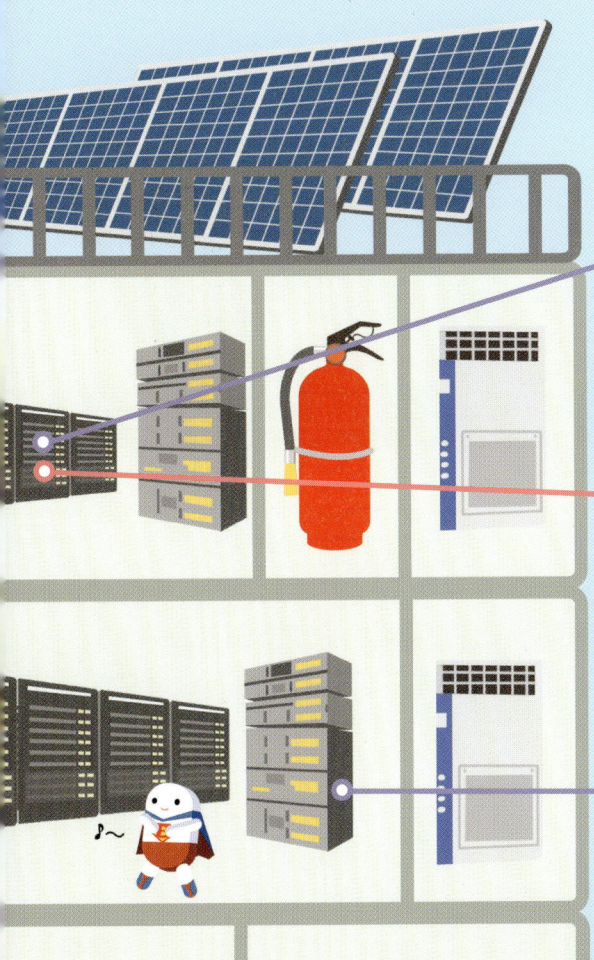

서버
여러 대의 컴퓨터를 통신으로 연결해, 많은 데이터를 저장한다.

스토리지
하드 디스크 등의 데이터 저장 장치이다.

네트워크
여러 대의 컴퓨터를 연결해 놓은 장비이다.

배터리
전원을 공급하는 장치로, 정전을 대비한 자체 전력 공급 수단이다.

고효율 펌프
높은 압력으로 효율이 좋은 펌프이다. 데이터 센터의 에너지를 효율적으로 사용할 수 있게 한다.

발전기

플러스 통합 과학

환경으로 정보통신 읽기 데이터 센터가 환경 오염에 어떤 영향을 끼칠까?

데이터 센터에는 인터넷 홈페이지, 이메일, SNS, 온라인 게임 등 인터넷에 관련된 모든 데이터가 보관되어 있어요. 이렇게 수많은 데이터를 보관하고 있는 서버 컴퓨터와 네트워크 설비에서는 매우 많은 열기가 배출되기에 그 열을 식히기 위한 강력한 냉각 장비 또한 있어야 하지요. 그러다 보니 데이터 센터에 갖춰진 각종 IT 설비와 냉각 장비 모두 엄청난 양의 전력을 소비하고 있습니다.

▲데이터 센터에는 열기를 내뿜는 수많은 장비가 있다.

그런데 데이터 센터를 유지하기 위해 전력 생산을 늘리면 환경 오염이 발생해요. 현재 전 세계 전력 생산 대부분이 화석 연료, 특히 석탄을 이용한 화력 발전에 기대고 있는데, 미세 먼지를 일으키는 주범으로 지목받고 있습니다.

오늘날 우리가 하루 동안 만들어내는 데이터의 양은 인류 문명이 시작된 이후 2000년대까지 쌓인 데이터를 전부 합친 양을 이미 넘어섰다고 해요. 그만큼 데이터 센터가 더욱 많이 필요해지고 있지요. 그렇기에 데이터 센터를 짓고 운영하는 동시에 환경 오염을 최대한 줄이는 방법이 다양하게 연구되고 있습니다.

데이터 센터의 단점을 극복할 수 있을까?

환경 오염을 최소화하려는 노력은 친환경 데이터 센터 건설로 이어졌어요. 친환경 데이터 센터는 두 가지 형태로 나눌 수 있지요. 첫 번째 형태는 태양광이나 풍력, 수력 등 재생 에너지를 활용해 화석 연료 사용 비중을 줄인 것이고, 두 번째 형태는 외부 환경을 활용해 냉각 장비의 전력 소모를 줄인 것입니다.

첫 번째 형태의 대표적 사례로는 페이스북이 아일랜드 클로니에 짓고 있는 데이터 센터가 있어요. 지역 특성을 살려 냉각 장비 구동에 들어가는 전기를 100% 풍력으로 이용할 수 있게 건설 중이지요. 또한 미국 라스베이거스 사막 한복판에 건설된 데이터 센터는 대규모의 태양광 패널을 통해 얻은 전력으로 데이터 센터를 운영합니다.

두 번째 형태의 대표적인 사례로는 구글이 2011년 핀란드 하미나에 세운 데이터 센터를 꼽을 수 있어요. 하미나는 핀란드 남동부에 위치한 항구 도시로, 얼음처럼 차가운 바닷물을 끌어들여 열기를 냉각하는 데 활용하고 있지요. 또한 국내의 대표적인 IT 기업인 네이버는 강원도 춘천에 데이터 센터를 건설했어요. 산에서 내려오는 차가운 바람이 자연스럽게 서버실 내부로 들어와 열을 식히도록 설계했답니다.

▲마이크로소프트는 수온이 20도 미만인 바닷속에 원통형으로 지은 데이터 센터를 넣어 정상 작동하는지 시험하는 '프로젝트 나틱(Project Natick)'을 진행했다.

▲구글과 페이스북은 데이터 센터를 북극권에 지어 열기가 자연적으로 냉각될 수 있도록 시도하고 있다.

도전! 과학 퀴즈

★모바일 과학 게임★
스마트폰으로 QR코드를 찍으면 설치 페이지로 이동!

1번 누리가 가로세로 퍼즐을 푸는 데 어려움을 겪고 있습니다. 누리를 도와 퍼즐을 풀어 보세요.

①	②데				⑤세
			④키		
	마				메
		③해			스

내가 공을 치는 것도 데이터로 기록되지!

가로 열쇠

① 디지털 환경에서 생성되는 것으로 그 규모가 크고, 변화의 속도가 빠르며, 속성이 다양한 데이터이다.

③ 다른 사람의 서버에서 허락 없이 정보를 빼내거나 파괴하는 것이다.

세로 열쇠

② 데이터를 분석해 규칙과 관계를 찾아 의사 결정에 이용하는 과정이다.

④ 데이터를 검색할 때, 특정한 내용이 들어 있는 정보를 찾기 위하여 사용하는 핵심 단어이다.

⑤ 야구 경기 때마다 생겨나고 쌓인 수많은 데이터를 분석해, 그 결과를 토대로 선수들 개개인의 역량을 최대로 끌어낼 수 있도록 한다.

2번

아라도 가로세로 퍼즐을 풀고 있어요. 아라를 도와 퍼즐을 풀어 보세요.

가로 열쇠

① 공공 기관이 업무를 수행하면서 만들어 낸 텍스트, 수치, 이미지, 동영상, 오디오 등 다양한 형태의 자료 또는 정보이다.

③ 빅데이터 분석 결과를 쉽게 이해할 수 있도록 시각적으로 표현하는 것으로, 그래프, 차트, 인포그래픽 등 다양한 방법을 활용한다.

④ 데이터 센터에서 발생하는 많은 열을 공기의 자연통풍이나 송풍기 등에 의한 인공통풍으로 식히는 장치이다.

세로 열쇠

② 데이터를 시장에 등록하면 그 데이터를 필요로 하는 사람들이 비용을 지불하고 사 가는 디지털 공간이다.

⑤ 컴퓨터로 사람 언어의 이해, 생성, 분석을 다루는 인공지능 기술로, 일상에서 쓰는 말의 형태와 의미를 분석해 컴퓨터가 처리할 수 있도록 바꿔 준다.

도전! 과학 퀴즈

3번 하록이 설명하고 있는 것은 무엇일까요?   답 (   )

디지털 환경에서 생성되는 것으로 그 규모가 크고, 변화의 속도가 빠르며, 속성이 다양한 데이터를 말해.

4번 아라와 누리가 가지고 있는 카드가 섞여 있어요. 빅데이터의 처리 과정에 맞는 카드의 번호를 나열해 보세요.   답 (   )

많은 양의 데이터를 그대로 모아 놓기만 하면 아무 의미가 없어.

유용하게 쓸 수 있도록 만드는 과정을 거쳐야 하지.

① 저장   ② 시각화   ③ 분석   ④ 수집

5번 빅데이터는 여러 가지 특성을 가지고 있어요. 빅데이터의 특성이 쓰인 네모칸 중에서 알맞은 것을 선택하며 답을 찾아가 볼까요?

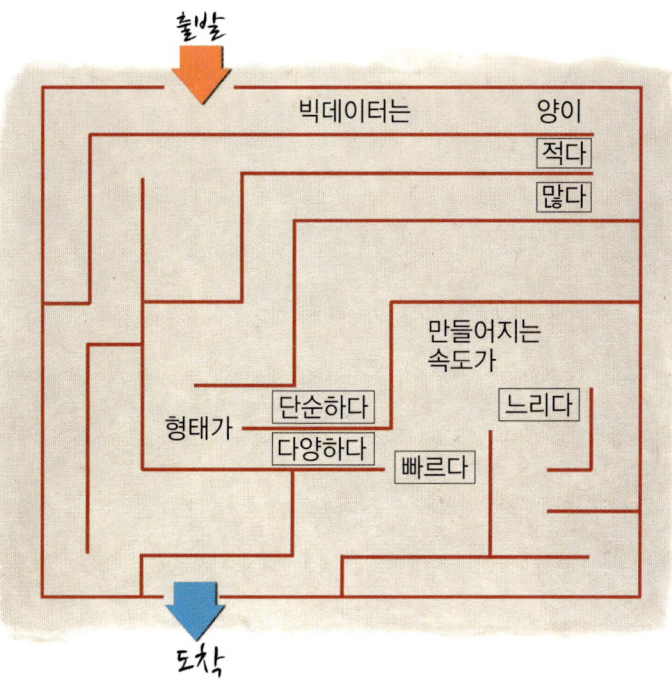

6번 데이터의 양이 많아지면서 개인 정보를 보호하는 일이 중요해졌어요. 개인 정보를 보호하기 위한 올바른 방법을 말한 친구는 누구일까요?

답 (　　　)

① 지웅 : 정보는 많을수록 좋으니 기업은 고객의 정보를 최대한 많이 모아야 해.
② 성민 : 비밀번호는 주기적으로 바꿔 줄 필요가 없어.
③ 민희 : 모르는 사람들의 얼굴이 나온 사진을 허락받지 않고 SNS에 올려도 돼.
④ 예리 : SNS에 사진이나 글을 올릴 때는 다른 사람의 정보가 드러나지 않도록 주의해야 해.

도전! 과학 퀴즈

7번 미니 빅터가 데이터 과학자에 대한 자료를 정리하고 있어요. 데이터 과학자에 대해 어울리는 설명을 찾아 올바르게 연결해 보세요.

데이터 사서

(a) •

• ㉠ 데이터의 보관과 그 활용을 관리하는 전문가야.

데이터 분석가

(b) •

• ㉡ 분석된 데이터와 그 의미를 다른 사람에게 효과적으로 전달하기 위한 방법을 연구하는 전문가야.

데이터 저널리스트

(c) •

• ㉢ 데이터 관련 전문가들이 사용할 데이터 관리와 분석에 필요한 프로그램을 개발하는 전문가야.

데이터 프로그래머

(d) •

• ㉣ 데이터를 분석해 그 의미를 정확하게 정의하는 전문가야.

휴, 어려워!

8번 누리가 마트에 온 사람들이 사 가는 물건들을 분석하고 있어요. 카트 속의 물건들을 보고 기저귀 코너 옆에 어떤 코너를 만들면 좋을지 생각해 보세요.

답 (　　　)

장바구니에 공통으로 있는 물건을 살펴봐.

고기를 산 사람은 상추도 함께 사는구나!

① 사과　　　　　② 맥주
③ 치즈　　　　　④ 와인

도전! 과학 퀴즈

9번 아래 그림처럼 빅데이터를 시각화하여 표현하는 방법 중 하나로, 정보를 한눈에 쉽게 알 수 있도록 전달하는 것을 무엇이라고 할까요?

답 (   )

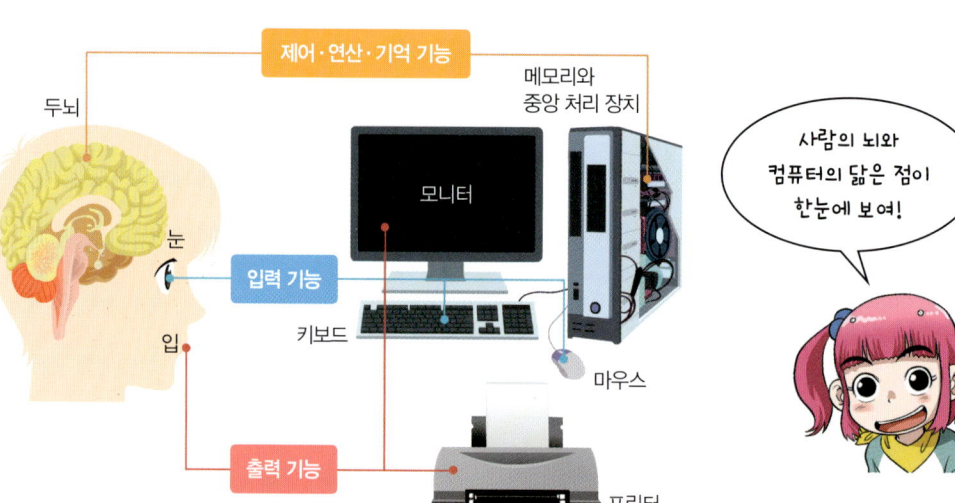

10번 아이들의 대화를 보고 방문한 장소가 어디인지 맞혀 보세요.

답 (   )

11번 아라와 누리가 대화하고 있어요. 대화를 보고 보기 중 빈칸에 들어갈 알맞은 답을 골라 보세요.   답 (   )

① 소프트웨어   ② 클라우드
③ 폴더   ④ 모니터

도전! 과학 퀴즈

12번 바이트와 국장이 빅데이터의 특성에 관한 대화를 하고 있습니다. 빅데이터의 세 가지 특성이 <u>아닌</u> 것은 무엇일까요?   답 (   )

> 빅데이터의 세 가지 특성을 단어의 앞글자만 따서 3V라고 하지.

> 세 가지 특성에 가치와 정확성을 더해 4V, 5V라고 부르기도 해!

① 크기
② 속도
③ 다양성
④ 폐쇄성

13번 수많은 데이터 중에서 규칙과 관계를 찾아 의사 결정에 이용하도록 가치 있는 데이터를 골라내는 과정을 무엇이라고 할까요?   답 (   )

> 돌무더기에서 원석을 골라내듯, 데이터를 '캔다'는 뜻이 담긴 단어야.

① 데이터 마이닝
② 정형 데이터
③ 반정형 데이터
④ 비정형 데이터

14번

아라가 빅데이터의 활용 사례를 보고 있습니다. 다음 중 아라가 할 말로 올바르지 <u>않은</u> 것을 고르세요.   답 (   )

▲미국 적십자에서는 각 지역별 SNS 통신량이 풍선 형태로 표시되는데, 직원은 풍선이 많이 부푼 지역에 위험 상황이 있는지 확인하고 조치한다.

▲지진이 난 지역의 피해 규모가 어느 정도인지 직접 확인하기 어려울 때, 위치가 태그된 트윗이나 SNS의 댓글이 중요한 정보가 된다.

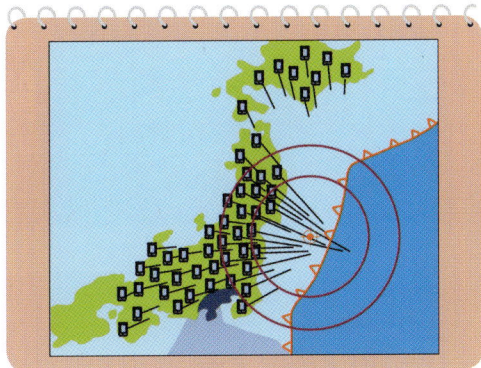

▲동일본 대지진 때 지진파가 도쿄에 닿기도 전에 스마트폰의 GPS가 한 방향으로 이동하는 것이 감지되어 사람들에게 미리 알림 문자를 보냈다.

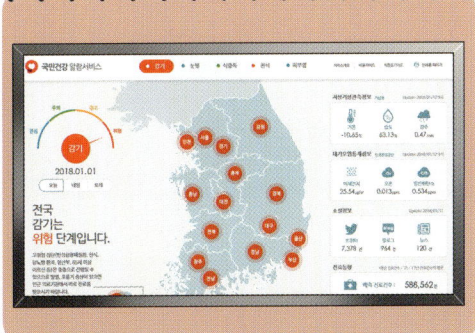

▲국민 건강 알람 서비스에서는 해당 지역의 진료 내역이나 기상 정보를 분석해 감기, 눈병, 식중독 등 다양한 건강 빅데이터 자료를 제공한다.

① 현대 사회에서는 빅데이터를 여러 방법으로 활용할 수 있구나.
② SNS에서 하는 말들이 빅데이터가 될 수 있구나.
③ 빅데이터는 단순한 형태의 정형 데이터만으로 이루어져 있어.
④ 지진, 질병 등의 상황에서 빅데이터가 도움이 되네.

도전! 과학 퀴즈

15번 아라와 누리의 대화를 참고해 나이팅게일 로즈 다이어그램에 해당하는 빅데이터 처리 단계를 고르세요. 답 (   )

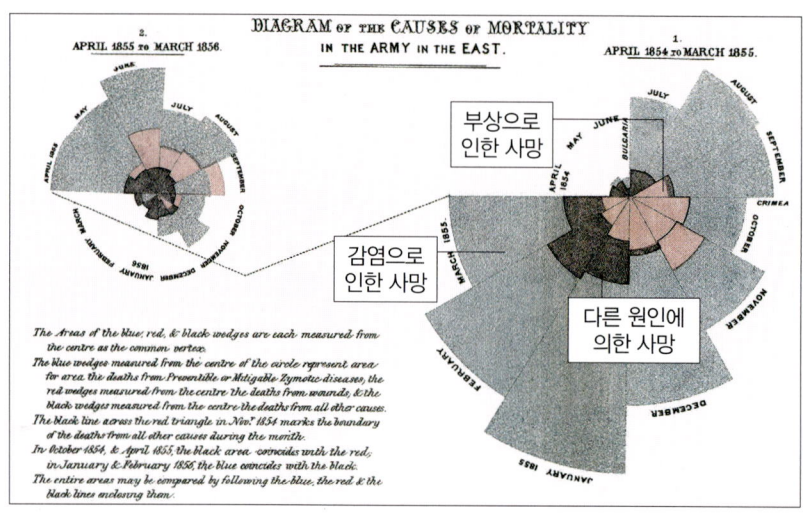

▲ 나이팅게일 로즈 다이어그램

푸른색 부분이 다른 부분보다 훨씬 넓은 걸 보니, 감염으로 인한 사망자가 월등히 많았구나.

응, 그래서 이걸 본 영국 정부가 감염 문제의 심각성을 깨닫고 위생 시설 개선을 지원했대.

① 빅데이터의 수집　　② 빅데이터의 저장
③ 빅데이터의 분석　　④ 빅데이터의 시각화

문제 푸느라 고생 많았어, 친구들!

16번 아라와 누리가 ▸빅브라더에 대해 이야기를 나누고 있어요. 대화를 읽으며 주어진 빈칸에 여러분의 생각을 적어 보세요.

요즘은 어떤 친구가 언제, 어디에 갔고 누구를 만나고 무엇을 먹었는지까지 다 알 수 있어.

맞아, 타인의 일상에 대한 정보를 쉽게 알 수 있는 세상이 됐지.

이런 상황에 빅브라더를 인정한다면, 개인의 모든 활동을 감시하는 걸 정당화하는 수단이 돼.

나쁜 목적을 위해 누군가의 사생활을 침해했지만, 사회 질서를 지키기 위해서였다고 주장할 수 있으니까.

누군가 정보를 독점하고 사회를 지배하려고 하면 우리는 점점 자유를 잃게 될 거야.

모든 행동을 감시받고 통제당하게 될 테니까.

빅브라더가 모든 정보를 통제할 수 있게 된다면 정보를 숨기거나 조작할 수도 있게 될 것이다. 그런 상황이 생기지 않게 하기 위해서는 _____

▸**빅브라더** : big brother. 정보의 독점으로 사회를 통제하려는 권력이나 사회 체제를 일컫는 표현. 조지 오웰의 소설 〈1984〉에 등장하는 감시 체제에서 유래함.

도전! 과학 퀴즈 정답과 해설

1번

①빅	②데	이	터		⑤세
	이				이
	터		④키		버
	마		워		메
	이		드		트
	닝				릭
		③해	킹		스

2번

①공	공	②데	이	터	
		이			
⑤자		터			
연		③시	각	화	
어		장			
처		④냉	각	탑	
리					

3번

답 **빅데이터**

디지털 환경에서 생성되는 것으로 그 규모가 크고, 변화의 속도가 빠르며, 속성이 다양한 데이터를 빅데이터라고 한다.

4번 답 ④-①-③-②

빅데이터의 처리는 수집→저장→분석→시각화의 순서로 이루어진다.

5번

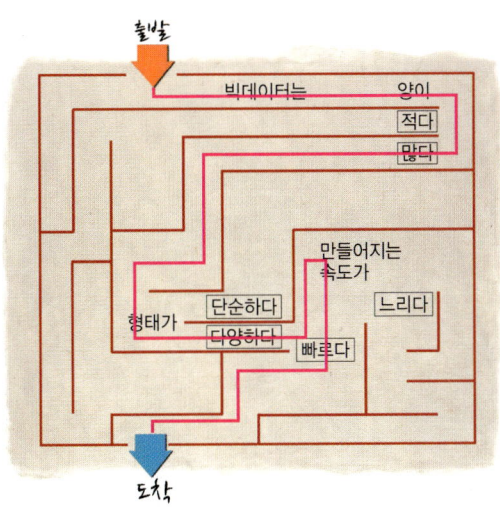

6번 답 ④

개인 정보란 이름, 주민 등록 번호 등 개인을 확인할 수 있는 정보로, 종교, 직업, 생체 인식 정보(지문, 홍채, DNA 등)까지도 포함한다. 최근 개인 정보가 유출되거나 악용되는 일이 많은데, 이를 예방하기 위해 SNS에 사진이나 글을 올릴 때는 개인 정보가 드러나지 않게 조심해야 한다.

7번 답 (a)-㉠, (b)-㉣, (c)-㉡, (d)-㉢

8번 답 ②

네 개의 장바구니를 분석하면 기저귀를 산 사람은 맥주를 함께 산 것을 알 수 있다. 이는 장바구니 분석 기법을 활용한 것으로, 기저귀 코너 옆에 맥주 코너를 만들면 맥주가 더 많이 팔릴 것이라는 예측이 가능하다.

도전! 과학 퀴즈 정답과 해설

9번 답 **인포그래픽**
인포그래픽은 빅데이터를 시각화하여 표현하는 방법이다. 인포그래픽을 활용하면 흥미를 유발할 수 있고, 정보를 얻는 데 걸리는 시간을 줄여 주며, 정보를 기억에 오래 남게 하는 효과가 있다.

10번 답 **데이터 센터**
인터넷 검색, 게임, 쇼핑 등 방대한 양의 정보를 저장하고, 또 사용자나 기업이 요청하는 정보를 제공하기 위해 많은 수의 서버가 필요하게 되었다. 이 서버들을 좀 더 안정적으로 관리하기 위해 한 장소에 모아 둔 곳이 데이터 센터이다.

11번 답 ②
데이터를 클라우드에 저장하면 언제 어디서든 인터넷 접속만으로 데이터를 이용할 수 있다.

12번 답 ④
빅데이터의 세 가지 특성은 크기, 속도, 다양성이다.

13번 답 ①
데이터 마이닝으로 가치 있는 데이터를 골라낼 수 있다.

14번 답 ③
빅데이터는 정형 데이터, 반정형 데이터, 비정형 데이터 모두를 포함한다.

15번 답 ④
나이팅게일 로즈 다이어그램은 빅데이터의 시각화에 해당한다.

16번 답 (예시)
무엇이 옳고 그른지 냉정하게 판단할 줄 알아야 하며, 정보를 잘 관리해야 한다.

자료 제공

사진 출처 43 나이팅게일•위키피디아, 나이팅게일 로즈 다이어그램•위키피디아 76 골프•셔터스톡, 유도•셔터스톡, 야구의 포수•셔터스톡 77 포스(POS)•셔터스톡 111 지하철 노선도•셔터스톡 120 공공 데이터 포털 메인 화면•공공 데이터 포털 144 산업 혁명•위키피디아, 강아지•위키피디아[사진1 Ildar Sagdejev, 사진2 ItsJustAnotherWiki, 사진3 Thymeforhemp, 사진4 S.Chleiounakis, 사진6 Alexander yerovi, 사진7 Beth Ashton, 사진8 Calaberator, 사진9 Ilikebiggbuttss, 사진11 Lisa L Wiedmeier, 사진12 Tempusflow, 사진13 Szabi237, 사진14 Sina, 사진15 fallacy, 사진16 Elliskimoo, 사진17 Xyzspaniel, 사진18 Arman Breuer, 사진19 Christopher Michel, 사진20 anonymous donor], 고양이•위키피디아 152 익스플로러 브라우저의 추적 방지 기능•익스플로러 157 미국의 구글 데이터 센터•헬로포토, 싱가포르의 구글 데이터 센터•헬로포토, 네덜란드의 구글 데이터 센터•셔터스톡 182 데이터 센터의 열기•MBC 아카이브 183 마이크로소프트(MS)의 '프로젝트 나틱(Project Natick)'•MBC 아카이브, 구글과 페이스북의 데이터 센터 북극 건설 시도•MBC 아카이브 193 국민 건강 알람 서비스•국민 건강 보험 공단

통계 출처 111 대한민국의 컴퓨터 이용 실태•과학기술정보통신부(2023년)

이 책에 사용한 모든 자료의 출처를 밝히기 위해 노력하였습니다. 누락되거나 잘못된 점이 발견되면 바로잡겠습니다.

천재교육

2016 소년조선일보 올해의 어린이책 대상

EBS 한국사 **최태성** 강사 **강력** 추천

교과서 인물로 배우는
우리 역사

권장 대상 : 초등 전 학년(1~6학년)

멀티미디어 역사 카드
+ 세트 구입 시 역사 연표 제공

책 속의 QR코드를 이용해 드론 촬영한 생생한 유적지를 만나 보세요!

LIVE 한국사 시리즈 전 20권

선사 시대·고조선	1권 선사시대와 고조선
삼국·남북국	2권 고구려의 성장과 쇠퇴 3권 백제의 찬란한 문화 4권 신라의 발전 5권 통일신라와 발해
고려	6권 고려의 건국 7권 무신 정권과 천민의 난 8권 고려의 쇠퇴
조선	9권 조선의 건국과 발전 10권 훈구와 사림의 대립 11권 임진왜란 전후의 상황 12권 병자호란과 북벌 13권 실학과 서민 문화
근대화기	14권 빗장을 연 조선과 계몽사상 15권 개항기와 독립협회
일제 강점기	16권 독립운동과 계몽사상 17권 무장 독립운동 18권 광복과 대한민국 임시 정부
대한민국	19권 6·25와 경제 개발 계획 20권 대한민국의 발전